LA SEGUNDA HIJA

Lᴬ Segunda Hija

Olga Nolla

Editorial de la Universidad de Puerto Rico

1994

Primera edición, 1992
Reimpresión, 1994

© 1992 Universidad de Puerto Rico
© Olga Nolla
Todos los derechos reservados según la ley

Catalogación de la Biblioteca del Congreso
Library of Congress Cataloging-in-Publication Data

Nolla, Olga.
La segunda hija / Olga Nolla.
    p. cm.
    ISBN 0-8477-0176-X
    I. Title
PQ7440, N55S44   1992   92-35533
863--dc20   CIP

Tipografía: HRP Studio
Portada: Walter Torres

Impreso en los Estados Unidos de América
Printed in the United States of America

EDITORIAL DE LA UNIVERSIDAD DE PUERTO RICO
PO Box 23322
San Juan, Puerto Rico 00931-3322
Administración: Tel. (809) 250-0435, Fax (809) 753-9116
Depto. de Ventas: Tel. (809) 758-8345, Fax (809) 751-8785

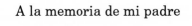

A la memoria de mi padre

Y de pronto ahí están las montañas. Yo las recordaba diferentes, más altas, más oscuras. Recordaba todo más grande, los árboles y las carreteras, los barrancos y el río. La plaza queda al pie de la montaña; el pueblo trepa por la ladera y los balcones de las casas y los jardines cuelgan hacia la plaza como si fuera un anfiteatro. La mitad del pueblo son espacios colgantes; apenas ahora lo veo claro. Antes jugaba yaks en los balcones de esta montaña y no me daba cuenta que eran así. Azucena y yo subíamos por las escaleras empinadas: la niñera nos acompañaba a todas partes y no hacía ruido porque era india: como si tuviera algodones en las plantas de los pies, como los gatos.

En la casa blanca de la esquina, donde yo vivía, ahora vive otra familia. Me siento rara de pensar en otra gente ocupando los dormitorios, la cocina de losas blancas y negras, el amplio comedor donde el sol se colaba por las persianas y poblaba la penumbra de cuchillos de luz. Me siento mal. Pienso que las casas donde transcurre nuestra infancia nos pertenecen para siempre, nadie más debía poder entrar más nunca, sólo nosotros, a nuestro recinto mágico; yo camino con Azucena y subimos las escaleras cogidas de la mano, ambas tenemos el traje colorrosa con encajes de Brujas en las mangas y el cuello y en el ruedo de la falda y cuando entramos Papi nos alza en brazos y nos carga a las dos, una en cada brazo, qué fuerte es papi. Abuela aparece toda sonriente, se ve tan joven, y Tía Marina también aparece. No veo a Mami, la busco, la buscamos por toda la casa, corro por los pasillos llamándola y me duele el corazón porque no la encuentro, debe haber salido, debe estar durmiendo, debe estar en el patio, debe estar sentada en su tocador, mirándose al espejo, poniéndose unas pantallas de amatistas y perlas, coloréandose las mejillas,

1

maquillándose los ojos, rizándose el cabello, peinándose, lavándose el cabello, pintándose las uñas, bañándose en perfume Shalimar, en perfume Fleur de Rocaille, en Joy, en Narcisse Noir. Nunca he visto narcisos negros, ¿habrá narcisos negros?, ¿habrá narcisos rojos?, ¿mirándose en el agua?, ¿enamorándose?, ¿muertos de amor? Azucena se detiene en la puerta. Viene a decirme que Mami no está.

Ella no me conoce. En alguna ocasión nos vimos, fugazmente, entre cristales manchados de grasa y bizcochos demasiado dulces; recuerdo fue, quizás, en una cafetería de San Juan; lo más probable es que fuera en La Bombonera. Pero nunca hemos hablado. Tiene una cara de muñeca antigua, simpática y solemne, que se graba indeleble en la memoria y sé, cómo dudarlo, que tiene amigas queridísimas a las que da consejos sentimentales. Sé que vivió en Jayuya hasta los doce años, en esa casa blanca de la esquina, la del ancho balcón con jardineras llenas de flores; creo recordar los delicados pétalos azules de los arbustos Isabel Segunda y los helechos verdes y frondosos. También había tiestos con miramelindas sobre las losetas brillosas del balcón; un balcón ancho y fresco que ella atravesaba con sus hermanas y sus hermanos para ir a una escuela que quedaba muy cerca, cruzando la plaza.

Eran cuatro, dos hembras y dos machos. La mayor de las hembras estudió medicina en España, en Valencia, donde logró casarse, míticamente, con un dueño de huertos de naranjos. Se llamaba Azucena y era fuerte y voluntariosa; insistía en tomar decisiones por los demás. Pero ella, la menor de las hembras y la protagonista de esta historia, era distinta. No era dominante. Tenía unos ojos negros dulcísimos y el uniforme de la escuela siempre lo tenía limpio. No le gustaba qué los zapatos se le cubrieran de polvo—los limpiaba con una servilleta de papel; mojándola

2

con saliva, siempre hacía eso. Los trajes de Azucena se gastaban de tanto lavarse porque pasaba el día subiendo y bajando los árboles del patio. Ensimismada, casi ausente del mundo, Azucena se sentaba en el piso de tierra del gallinero a inspeccionar a las gallinas y a los pollos. Quería saber cómo eran por dentro y por qué el pellejo de las patas era tan duro. A veces la picaban por majadera, decía la abuela, quien la regañaba por ensuciarse y romper los encajes de los cuellos y de los ruedos.

Ella, la menor de las hembras, no rompía nada. Ni cuando Azucena la convencía de subir a un palo; ni por eso rasgaba un encajito.

La abuela se ocupaba de que estuvieran siempre de punta en blanco: los niños mejor vestidos del pueblo. Y las tías también se ocupaban; cocinaban menús interminables, iban al mercado con las sirvientas, volvían con bolsas llenas de tomates y de pimientos y la casa olía, intensamente, a tierra y a maleza.

Ella se acostumbró a comer bien: nunca una lata de petipuás ni de espaguetis, ni siquiera de leche evaporada. A veces buscaba a la abuela para que le explicara por qué llovía tanto. Azucena no hacía preguntas; mataba hormigas con sus deditos o les echaba agua para que se ahogaran.

No se acuerda mucho del pueblo. Recuerda que llovía y hacía frío por las noches. Recuerda que en los meses de invierno el viento sopla y aúlla como un lobo: las montañas se estremecen, el cielo se achata. Se mete en la cama de Azucena porque le da miedo, pero Azucena la patea y entonces se desliza entre las sábanas de la abuela. Titi Marina no quiere que la moleste mientras duerme: es soltera y no le gusta compartir la cama. A su madre no la recuerda. No sabe qué hacía su madre todos aquellos años. Estaba en la casa, pero no puede recobrar el olor de su cuerpo. Sin embargo, en el apartamento del Viejo San Juan, ella tenía una media mesa, pegada a la pared, con un tapetito de mundillo encima. En esa mesa se destacaba una lámpara antigua; había sido un quinqué y luego había sido electrificada, con los cristales rojos ahumados y labrados. Junto a la lámpara, hacia la izquierda, nos miraba la foto ya amarillenta de una hermosa mujer, labios carnosos y muy rojos, peinado recogido sobre las sienes en dos rollos, melena suelta atrás, sobre los hombros. Llama la atención, en esa foto, el traje de rayón, estampado y con hombreras. De las orejas de la madre cuelgan dos aretes de oro calado. Junto a esta foto ella solía colocar rosas: una, a lo sumo dos o tres, en un florerito de porcelana azul.

Aquel apartamento en el Viejo San Juan siempre estaba repleto de gente. La menor tenía ese don. Todos la buscaban. Todos la querían. Y no es que fuera bondadosa; ni demasiado alegre. Pero se interesaba por los demás, sinceramente. Creo que estaba acostumbrada a vivir rodeada de otras voces, otros cuerpos respirando. Cuando la vi por primera vez vivía en ese apartamento. Era pequeño, pero decorado con un gusto impecable. Se parecía a ella y olía a campo.

Y un día se fueron de aquella casa frente a la plaza de Jayuya. Las tías y la abuela y las sirvientas estuvieron empacando la loza y la ropa de cama y las toallas y las ollas y los morteros y los encajes. Estuvieron empacando mucho tiempo y era como un desorden sin principio ni fin. El padre decidió mudarse a Estados Unidos. Y se fueron del pueblo, en tres carros y una guaguita y un camión Ford con las

4

maletas y los muebles.

La decisión del padre es, a todas luces, incomprensible. No se mudó, llevando consigo la tribu familiar, por mejorar sus condiciones de vida. En todo caso, la calidad de la vida empeoró. En Estados Unidos ya no tenían muchas sirvientas, y no les avisaban del colmado cuando llegaban los huevos frescos, o el pescado recién sacado de las nasas de Cabo Rojo. Los niños ya no iban caminando a la escuela; casi no sabían inglés; no conocían a otros niños. El padre tenía un amigo que vivía en Worcester, una ciudad industrial cerca de Boston. Le escribió que allí se vivía bien. Pero las razones del padre no explican su proceder. A los sesenta y nueve años no se emigra por el sabor de la aventura. Si hubo razones políticas, ella nunca lo supo. Aún lo ignora. Las malas lenguas en el pueblo dijeron cosas que es mejor olvidar.

—Abuela, ¿y Esmeralda?

—No la he visto en todo el día, mija, y que salió a ver a una prima, eso me dijo esta mañana.

A menudo Esmeralda se ausentaba toda la tarde. Y eso dio que murmurar a quienes están siempre al acecho de algún desliz para desahogar sus frustraciones.

—Abuela, ¿ya llegó Esmeralda?

—No, mi amor, sube a tu cuarto y haz tus asignaciones, ¿quieres?

—Es que la vecina me preguntó.

—A ella qué le importa. Olvídate de eso y vete a estudiar, Azucena ya hace rato que está resolviendo problemas de matemáticas.

—Dime, mama, ¿y a Esmeralda le gustaban las matemáticas?

—No me acuerdo, nena, déjame terminar de zurcir estas medias de tu padre.

Ella se sienta al lado de la abuela, en el balconcito junto a la cocina, que es muy fresco porque las ramas de un árbol de mangó lo protegen del sol, y la abuela le va enseñando cómo tejer un parcho de hilos sobre el roto de la tela.

—Vivía de rentas, ¿sabes?

—No, no lo sabía.

—Sí, porque él era de Lajas. Su familia poseía fincas de caña y de ganado. Dicen que estuvo trabajando muchos años, ahorrando para casarse.

—Esteban Guarch fue siempre un solterón empedernido.

—Eso. Peleó en la Primera Guerra Mundial.

En la casa de Worcester teníamos una foto de mi padre, con uniforme de soldado, altas botas, gorra en la mano, sobre el pecho. El me quería mucho. Azucena y yo también lo queríamos mucho. Cuando llegábamos de la escuela lo primero que hacíamos era correr a su oficina en la biblioteca. No nos sentíamos que habíamos llegado hasta que nos abrazaba fuertemente. Después de su abrazo y de su beso en la frente ya estábamos en casa.

—En Worcester se puso viejo.

—Era raro. Esteban vivió parte de su juventud en Europa. En Lajas decían que tuvo una amante francesa.

—¿La conoció en la guerra?

—Puede ser. Sería una historia de soldados, como en las películas.

Papi nos contaba de Europa y de la guerra. Nos habló del heroísmo francés durante la primera guerra. En la segunda, dijo, no quisieron pelear: prefirieron rendirse a ver destruida su ciudad-luz.

—¿Y Esteban hablaba francés, Marina?

—Yo no sé, chica, yo nunca lo oí hablar sino español; aunque en Worcester hablaba inglés. Pero yo nunca lo oí.

—¿Y cuántos hijos tuvo con Esmeralda, Marina?

—Cuatro: dos hembras y dos varones.

Papi no quiso que estudiáramos francés en la escuela. Aprendimos inglés y luego, en la High School, yo estudié italiano. Azucena tuvo más dificultad que yo con el inglés, quizás porque era mayor. Por eso al graduarse regresó a Puerto Rico para ingresar a la Universidad de Río Piedras. Papi no quería, pero ella insistió. Se quedaba en un hospedaje y las vacaciones y fines de semana largos se iba a Jayuya o a Lajas con los parientes. En Lajas había una finca con caballos. Eso era lo que más le gustaba a Azucena. Nunca le gustó Worcester.

—A mí al principio me gustó Worcester. Era tan distinto. Había muchísimo de todo en las tiendas. Cuando empezó el frío me agradó menos. Entonces no me importó que la nena se me metiera en la cama.

—Y la nena, ¿qué es de su vida?

—A ella le gustaba Worcester. Como es tan dulce y tan simpática, todo el mundo la quería. Aprendió inglés bien rápido.

—¿Y los varones, Marina?

No se explica aquel traslado de domicilio. Es cierto que la gente emigra, en todas partes del mundo, por distintas razones. En la memoria ancestral de la especie tenemos vivo el recuerdo de un vagar por regiones y parajes remotos en busca de alimento. Fundamentalmente, se emigra por sobrevivir. Pero Esteban Guarch vivía en Jayuya como un rey. Llegó un día buscando con quién casarse y se quedó a vivir. Era de Lajas, descendiente de catalanes por la línea paterna. Por la línea materna eran hacendados franceses, de los que llegaron al oeste de la isla huyendo de la revolución haitiana a finales del siglo dieciocho. Esos franceses emigraron por salvar el pellejo y por recuperar su reino en este mundo, aunque nunca fueron tan ricos en Puerto Rico, no tanto como en Saint-Domingue. Los catalanes emigraron a Puerto Rico en el siglo diecinueve por hacer fortuna en América. El padre de Esteban Guarch vino directamente de Barcelona a Ponce, a trabajar con un tío dueño de un comercio. No era rico, se supo, pero era un europeo, y las familias francesas vigilaban con todas las fuerzas de su alma por la pureza de su sangre. Un soltero de raza blanca era altamente codiciado en los círculos de aquella aristocracia provinciana. De modo que los escuchas y los sabuesos de los padres y las madres de las niñas casamenteras dieron con él, y le llegaron invitaciones a los almuerzos campestres en los patios de las haciendas, donde se asaban los lechones a lo lejos mientras las niñas y los señores tomaban champán y probaban el paté de Estrasburgo, meciéndose en columpios y mecedoras o paseando a la sombra de los quenepos y los tamarindos.

Vicente Guarch, que era un hombre fornido con una mirada limpia y azul, escogió a su gusto entre aquella esplendorosa cosecha de muñecas tropicales.

Al abuelo nunca lo conocí. Digo al papá de papi, que era catalán. Al esposo de abuela Clara, la mamá de mi madre, lo conocí muy poco. Era blanco y arrastraba los pies al caminar. Siempre usaba camisas blancas de algodón y pantalones color café con leche. Probablemente, como era pobre, debe de haberse muerto de tristeza. Abuela nunca nos contó. A veces hablaba de él, pero sin pena. A los pobres les duele más la miseria que la muerte. *Abuela trabajó mucho para criar sus hijos y lo decía con rabia.* Su familia no la ayudó porque querían castigarla por haberse fugado con un peón de finca. *Abuela no creía en el amor. Para ella enamorarse significó una desgracia.* La pasión es un lujo que no podemos darnos las mujeres, *decía abuela.* Azucena y yo temblábamos cuando decía eso. *Yo prefería leer cuentos de hadas.* ¿Por qué abuela decía eso?, *le preguntábamos a papi.* Y papi se reía y nos daba besitos detrás de las orejas, ricos, riquísimos: *no le hagan caso a la abuela Clara,* decía papi.

—¿Y por qué se mudaron a Worcester, Marina?

—Nadie sabe, pero nos fuimos todos: Esteban y Esmeralda, los cuatro niños y mamá; y yo, por solterona, por niñera y por arrimá.

—¿Y el resto de tus hermanos, Marina, y los primos?

—Se quedaron tirados por ahí, por los montes. Pero después fueron llegando allá: por cuentagotas, por cambiar, por irse, por arrimarse a Esteban, qué tú quieres.

—Al cabo te fuiste a Nueva York.

—A casa de otra prima que vivía en el Bronx. Sí, mujer. Allí conocí a Carlos y me casé. Después volvimos para acá por la crianza de los niños; no queríamos que se criaran en aquellas calles de perdición; tú sabes cómo es allá.

—¿Y los varones de Esmeralda, Marina? Ya estarán grandes...

—Los vi el año pasado: Raulito estudió leyes en Boston. Se quedó en Worcester a vivir. Es abogado de los pobres.

—Y eso qué es, Marina.

—Creo que es que él no se hace rico siendo abogado, chica.

—Eso es bien raro. ¿Y para qué vas a ser abogado si no vas a ganar mucho dinero?

9

El valle de Lajas se parece a África. Cierro los ojos y lo veo poblado de cebras y jirafas. También hay ciervos merodeando por las pequeñas lagunas. Beben agua con las orejas alzadas, atentos al más leve indicio de peligro leonino. A su alrededor también beben los pájaros: garzas blancas y patos. En el Valle de Lajas hay muchos ruiseñores. Abro los ojos y pienso oírlos, los escucho con la imaginación que me provee el recuerdo de su canto. Veo las garzas. Hay miles. Durante el día, siguen los arados para aprovechar la tierra removida. Pescan lombrices como las gaviotas y los pelícanos pescan las sardinas. Al caer el sol, las garzas vuelan juntas y se posan en ciertos árboles. Las he visto cruzar la autopista al atardecer, la sobrevuelan no muy alto. Van cubriendo de blanco las ramas, como nieve. Si dijera que en Lajas nieva todas las tardes, me dirían que escribo poesía. Pero he visto esos árboles, nevados. Más hacia el oeste, antes de bajar hacia Sabana Grande, hay otro grupo de árboles que acumula nieve. Pero en el Valle todo es diferente; tiene otra luz, otro aire. Es la manera de extenderse, el remanso de ese espacio que se recoge y fluye.

Si abro los ojos, en el Valle de Lajas veo sembradíos de arroz y de tomates. Cuando el arado hiere la tierra y la abre, es oscura, casi violeta. Cierro los ojos y la veo cubierta de girasoles: al atardecer, cuando las garzas se posan en las copas de los árboles, los girasoles miran el mar, parecen multitudes de adoradores del sol ataviados con sombreros redondos de plumas amarillas. Han entregado su corazón al dios para que no los abandone.

Los franceses que vinieron a cultivar caña de azúcar vendrían con la nostalgia de la Llanura del Norte.

Azucena montaba a pelo, sin silla y sin estribos, cuando era niña y después, cuando estudiaba en la Universidad de Río Piedras. Al rato de trotar por las veredas del ganado, se paraba debajo de algún árbol buscando la sombra. Entonces escuchaba los ruiseñores y se acordaba de su hermana. En Worcester, durante el invierno, cuando tenían que quedarse encerradas por el frío, habían pensado en los ruiseñores de Lajas. Y lo habían expresado una a la otra: señalaban el aire con los dedos, agitaron los brazos como si fueran alas: habían recuperado con palabras el rabo gris, el canto en espiral.

Cuando Azucena regresó a Puerto Rico, la menor todavía estaba en Escuela Superior y ya hablaba el inglés igual que el español. Comenzó a pensar en inglés al estudiar matemáticas. Pero en la casa no se hablaba inglés porque la abuela no lo entendía. Pienso que entendía, pero nunca quiso admitirlo.

La casa de Worcester era de madera. Quedaba en una urbanización de solares grandes, con un patio enfrente y otro atrás y muchos árboles alrededor. Eran los únicos puertorriqueños en ese barrio, y no me explico cómo Esteban Guarch pudo comprar la casa, porque a los puertorriqueños y los negros no les permitían comprar propiedades en los barrios de ricos. Posiblemente hubo influencias políticas de por medio. Además, Esteban Guarch era un hombre completamente blanco, y por añadidura de ojos azules, alto: no podía negar a sus antepasados catalanes y franceses. No era lo mismo que los puertorriqueños de antepasados andaluces y africanos. La especificidad del código genético se prolongaba al Nuevo Mundo conjuntamente con los prejuicios correspondientes.

Era blanco y orgulloso de serlo. Se lo habían inculcado desde niño. Su padre le había hablado de Cataluña y los Pirineos. Su madre y sus abuelos le hablaron del Valle del Garonne, de una mítica tierra de la abundancia donde los viñedos subían por las laderas de las colinas a ambos lados del río. Le hablaron de los trigales y de los sembradíos de rosas, del jardín que había sido, y era y sería, por los siglos de los siglos, la dulce Francia. La madre le contaba los cuentos del abuelo: las haciendas de Saint-Domingue sembradas de algodón, caña de azúcar y café, los esclavos podando los rosales y cepillando los caballos. Y le contaba los cuentos que el abuelo del abuelo le hacía: el amor a la tierra, generosa, húmeda y eterna, que siempre regresaba del frío y de la muerte. Por eso, cuando empezó La Guerra, Esteban Guarch sintió dolor en el corazón. Había estudiado agronomía en una universidad norteamericana: era lo indicado para un joven de su clase, para adaptarlo a las nuevas fuerzas económicas que inauguraban el siglo. Estuvo cuatro años estudiando nuevas técnicas agrícolas y fertilizantes milagrosos y le gustó el país: gente honrada, limpia, trabajadora. Le gustaba que hubieran invadido a su isla: prometían modernizar los servicios, Norteamérica significaba la democracia y el progreso. La familia de su madre había ayudado a los invasores. Habían celebrado su llegada con vinos de Borgoña. Su padre no; algo extraño le sucedió a Vicente Guarch después de aquel 25 de julio de 1898. Esteban, que sólo tenía nueve años, notó el cambio en su padre: se volvió más callado y pareció replegarse en sí mismo mientras se acomodaba, externamente, a las costumbres y los mandatos de la familia Leclerc.

—Mira, Vicente, recibí carta de Esteban, ¿quieres que te la lea?

Marialuisa Leclerc lo abraza con cariño. Vicente Guarch ha llegado hace un rato a la hacienda de los Leclerc acompañado de su esposa Laure. Ha venido a visitar a los suegros por el fin de semana, pues el matrimonio se ha instalado definitivamente en Ponce, en una casona de la Calle Isabel. Vicente ha heredado el negocio de su tío y ahora dedica todo su esfuerzo a importar exquisiteces gallegas y catalanas aptas para el paladar de la floreciente burguesía ponceña.

—Sí, claro, ese muchacho le escribe más a usted que a su propia madre.

—Cosas de nietos y de abuelas, hombre, él y yo nos entendemos.

—Será por las historias que le contaba cuando era niño; usted me lo sedujo con sus mañas de Sherazada.

La abuela Marialuisa ríe con las ocurrencias de Vicente. Todavía le gusta flirtear con los hombres, aunque sólo sea con su yerno y dentro de los parámetros de la más absoluta inocencia, claro está.

—Dice que está bien.

—Léala, pues. O mejor, yo se la leo a su madre más tarde, para que tenga noticias de él. Hace tres años que se fue a estudiar; ¡qué mucho estudian esos americanos!

—Dice que la gente es muy simpática.

—Eso yo ya lo sabía. Lo dice en todas las cartas.

—Dice que es gente honrada.

—De eso no estoy tan seguro como usted, pero bueno, que no quiero discutir. No veo la hora en que regrese, sano y salvo a los brazos de su madre, que llora mucho por él, porque le hace falta, ¿no cree usted que es lógico que un hijo le haga falta a su madre?

—Sí, bueno, es que yo pienso las cosas de otra manera, pero ¡qué distraída estoy! ¿Quiere una limonada?

—Querida abuela, aquí hace mucho frío...

—Eso lo sé, lee más adelante...

—Dile a mamá que le escribiré pronto. Dile que me hace

13

falta sentarme con ella en el balcón a ver pasar la gente. Me estoy cansando de hablar inglés, aunque tú tienes razón, es una lengua hermosísima.

—Qué buen hijo tenemos, Vicente.

—Si se olvida del cristiano es como si se me volviera moro, coño.

—Sigue leyendo, no seas fastidioso, quiero saber si le ha dado catarro. Eso me preocupa.

Cuando los Estados Unidos entraron a la Primera Guerra, Esteban se inscribió de voluntario. Peleó en las trincheras y vio morir hombres, por centenares, a su alrededor. El horror de aquella carnicería de jóvenes inflamados por el heroísmo patriótico le dio a su mirada, limpia y azul como la de su padre, un temblor secreto. Caminó los campos hermosos que su abuela le había descrito, ahora arrasados por los tanques y las bombas y cubiertos de cadáveres. Y hundido en el lodo de las trincheras lloró por su madre y sus abuelos, por el sueño y la esperanza de Francia que le habían ofrendado como un don, como la gracia de los escogidos. Asistía a la destrucción de un mundo y lloraba por toda su raza, pero pensaba, muy especialmente, en su abuela Marialuisa.

Entre los franceses, a los que consideró su gente, se sintió completamente cómodo. Por eso permaneció en Francia después de la Guerra. Se licenció del ejército norteamericano y vivió en París. También vivió en Toulouse. Fue a Barcelona. Visitó la aldea de los Guarch; era un pueblo de piedra gris, acurrucado en una montaña y rodeado de pinos. Los primos de su padre lo recibieron como a uno de ellos. Eran tan pobres que Esteban Guarch se impresionó. La pobreza, que nunca había visto a pesar de tenerla diariamente gritándole al oído en los cañaverales del abuelo y en los barrios de Lajas, de pronto le cayó encima.

Debo señalar que Esteban Guarch nunca cobró conciencia de la pobreza de los cortadores de caña, campesinos descalzos y harapientos, ni de sus mujeres envejecidas, tiznadas de carbón y rodeadas de niños desnudos. Le dolió la miseria sólo cuando la vio en su propia sangre europea. Los campesinos puertorriqueños no eran gente de verdad, eran parte del paisaje, un instrumento económico. El enigma no es enigma: al renunciar a sus esclavos, luego del decreto abolicionista, los Leclerc no cambiaron en lo fundamental su manera de ver a los trabajadores. En la clase hacendada, la mentalidad esclavista se prolongó hasta mucho después de erradicada la esclavitud. De ahí que algunos hacendados y sus descendientes no pensaran en los trabajadores agrícolas como personas reales, ni tampoco en los habitantes de los pueblos, mulatos, negros o blancos, artesanos, pequeños comerciantes o profesionales, como gente igual a ellos. Sólo los profesionales—abogados, médicos, farmacéuticos— descendientes de hacendados podían ser admitidos a la intimidad de las casas de los Leclerc. Los comerciantes españoles eran admitidos si habían ingresado a la aristocracia criolla por matrimonio, si provenían de una familia ya acaudalada o distinguida en la península, o si, como en ocasiones sucedió, se habían hecho tan ricos vendiendo chorizos, aceite de oliva y bacalao, que ya no importaban sus malos modales y su estrechez mental. Pero a la abuela Marialuisa Leclerc la horrorizaban los comerciantes españoles. Vicente Guarch se la había ganado, en primer lugar, gracias a su belleza varonil, y luego, por supuesto, a su interés en educarse.

No muy lejos de donde se sentaron las señoras, asaban el carey. Lo adobaron con dientes de ajo, culantro y orégano fresco, ajicitos, perejil, sal y pimienta y lo enterraron en la

15

arena entre carbones encendidos. Llevaba horas asándose tal y como indicaban las instrucciones del obispo Trespalacios; y a su lado se asaba, conjuntamente y adobado de igual manera, un lechón joven. Vicente Guarch, con las mejillas enrojecidas por el calor y la confusión, se acercó a las damas, quienes se abanicaban con exquisitos ejemplares de encaje y cedro. Besó las manos enguantadas al saludar y se inclinó particularmente turbado frente a la señorita Laure. Rubia y de ojos azules, con una piel tan blanca y perfumada como los azahares de los cafetos y los limoneros, su combinación genética había desafiado olímpicamente los rigores del clima tropical. Laure tiene que ocultar su rostro del sol; de otra manera las pecas le manchan la nariz y la frente. Su hermana Adéle no es rubia y su piel se broncea ligeramente. Es más bella, más alegre, de una constitución física más fuerte. Pero el amor es un misterio y, aunque en el fondo de su instinto catalán y campesino Vicente Guarch se siente atraído por Adéle, decide enamorarse de Laure, porque se parecía más a las heroínas de los libros que su tío le obligaba a leer para que se instruyera, para que se educara y pudiera casarse en sociedad; hasta le había asignado un maestro de francés y de historia.

—¡Qué calor!—se atreve a comentar, sofocado debajo de la chaqueta de gabardina y las botas de cuero.

—Sí, sí, mucho calor—dijeron Laure y Adéle, riéndose como niñitas traviesas que acaban de robarse las galletas de almendra reservadas para la merienda.

Marialuisa Ledée Leclerc mira a sus hijas y sonríe. Dice, pregunta a su invitado: ¿Se han tenido noticias del doctor Carbonell?

—Sí, señora,—responde el joven Guarch—ha sido exonerado de los cargos que se le imputaban.

—¡Gracias a Dios!,—respira aliviada la señora, quien se abanica con un gesto feliz.

—¿Y el gobernador Palacios, es cierto que ha trasladado su residencia a Aibonito?,—insiste la elegante señora, ahora risueña y despejada.

—Así dicen en Ponce...

Vicente Guarch les cuenta lo que sabe sin dejar de mirar, aunque discretamente, el bello rostro de Laure Leclerc. Ella se ha sonrojado varias veces. Es muy joven aún, e inexperta en amores: eso le gusta. Se casará con ella el año próximo. La boda será en la iglesia de Lajas y todos los hacendados de la región, desde Aguadilla a Ponce, estarán invitados.

Azucena y su hermana nunca conocieron a la bisabuela Marialuisa; ni a la abuela Laure. Una vez visitaron la hacienda en el Valle de Lajas, antes que se desmoronara por completo. Estaba abandonada hacía años, las puertas se pudrían y los balcones habían perdido las barandas. En el salón hubo una vez un gran piano de cola; Esteban Guarch les explicó los muebles de caoba del país y el retrato suyo en uniforme, cuando peleó en las trincheras por la libertad y el honor de Francia. Aquel día recorrieron toda la finca, que ahora se dedicaba al ganado, montados los tres, el padre y las dos hijas, en los caballos de paso fino de la raza que había pertenecido a los Leclerc por generaciones. Los varones no fueron porque eran muy pequeños y la abuela Clara se quedó con ellos en lo que aún sobrevivía del jardín: bancos de piedra agrietados, rosales polvorientos, arbustos de gardenias que ya no florecían, un jazminero en una esquina de la pared del huerto, limoneros enclenques. El mayordomo y sus peones todavía se ocupaban de los caballos y de un gallinero escandaloso; la casa del mayordomo era pequeña pero nueva y estaba pintada de verde y gris.

Azucena y ella, trotando a ambos lados del padre, nunca olvidarían ese día.

—Todo esto será de ustedes—dijo el padre, llenándose

los pulmones del aire resplandeciente del Valle.

—¿Todo esto, papi, todo?—dijo Azucena sin comprender. La mitad de la finca estaba arrendada a colonos de caña que molían la cosecha en la Guánica Central. La otra mitad se dedicaba al ganado y por ella corrían ahora, Azucena adelante galopando despreocupada. Disfrutaba sentir el sol en los cachetes y desplazarse por la llanura unida al poderoso animal. Esteban Guarch la miró admirado de su carácter y acarició los cabellos sedosos de su hija menor, que trotaba junto a él.

—Preciosa mía—le dijo. Y ella sabía que era linda. Y también comprendió, con un instinto inexplicable, que toda la tierra que sus ojos podían mirar era de su padre, y que eso le gustaba.

La casa de Worcester me gustaba. Era toda de madera y en la sala había una chimenea. Guardaban los leños en el patio de atrás y cuando llegaba el invierno los buscaban para colocar algunos en una cesta de bronce. Después de comer nos sentábamos alrededor del fuego. Papi había prendido los leños y chisporroteaban como demonios antes de convertirse en luminosas brasas. Yo siempre me acordaba de las películas en las que las mujeres queman cartas de amor: las llamas iban devorando las palabras, la tinta, el papel. También me acuerdo de esa imagen pero con hombres quemando papeles, en una chimenea doméstica: ellos quemaban documentos secretos, textos comprometedores. Ellos eran espías o ladrones que temían ser descubiertos. Ellas eran mujeres desilusionadas con el amor, desgarradas por el abandono de los amantes.

En el invierno nos sentábamos alrededor del fuego después de comida y una noche Abuela Clara nos contó de su infancia, cuando una vez llegó a su casa, de visita, don Luis

Muñoz Rivera. Andaba por Jayuya en asuntos de la política y llevaba a su hijo consigo. Abuela contó que el niño era tranquilo y lo observaba todo con unos ojos grandes y asombrados. El padre de Abuela Clara creo que era farmacéutico y pertenecía al mismo partido. Abuela Clara cuenta que a su padre le apasionaba la política, pero que con sus hijos no tuvo compasión, como si se le hubieran secado los sentimientos, decía. Con la Abuela Clara fue inflexible. Y cuando Abuela cuenta ese cuento no parece la misma. Se le quiebra la voz. Entonces no habla más, porque la herida nunca ha cicatrizado. No perdona a su padre porque su padre no la perdonó. Eso es lo que yo creo, porque abuela nunca ha hablado con esas mismas palabras.

Ya se habrán dado cuenta que las voces que narran pertenecen a la hija menor de Esteban Guarch y a mí, que soy una observadora, desde una distancia prudente, de lo que ocurre. Asumo el personaje narra su propia historia para que escuchen lo suave y tierna que es. Además, cuando esto sucede entro al espejo que imagino como la Alicia de Lewis Carroll entró a una dimensión poblada por conejos parlanchines y barajas autoritarias; entonces camino por un mundo donde las palabras proceden movidas por su propia respiración.

Cuando estudiaban en la Escuela Superior de Worcester, Brian la invitó al cine y ella aceptó porque era un compañero de clase. Esteban Guarch no quiso dar el permiso: sólo tenía quince años, dijo. Fue la abuela Clara quien lo convenció. Clara pensaba que estaban en un país donde se permitía que una joven fuera al cine sola con un muchacho.

19

Y que tenían que adaptarse; ya con Azucena tuvieron problemas porque cuando no la dejaban se escapaba. Hasta palizas recibió y de nada sirvieron: se volvió más rebelde y más terca que nunca. Con la nena tenían que ser más comprensivos; ella era distinta.

Así que fueron al Drive-In en el Chevrolet blanco convertible de Brian. Era rubio, alto y muy fuerte. Jugaba en el equipo de fútbol y todas las muchachas estaban enamoradas de él. La invitó a ella a ir al cine y las demás se morían de envidia. Cuando se le acercó, después de clase, la menor tenía puesto un suéter rojo que contrastaba con su pelo negro largo y brilloso. Tenía la piel insuperable de su abuela Laure y los ojos negros y húmedos, dulcísimos, de su madre. Brian le dijo que era la muchacha más linda que había visto en su vida. Y la invitó a salir.

Durante la película, Brian intentó cogerle una mano. Asustada, muerta de miedo, ella la retiró. Después trató de besarla y ella, muerta de miedo, trataba de zafarse y no podía porque él tenía los brazos como troncos de árboles y finalmente se dejó besar, pero él le metía la punta de la lengua entre los labios y le dio asco. Sin saber qué decir ni qué hacer, se echó a llorar. Entonces Brian se enojó y le dijo que era una boricua de mierda y que debía dar gracias, sentirse feliz de que él se fijara en ella porque él podía tener a cualquier muchacha que le diera la gana, se bajaban los pantis, todititas, por él, él les tocaba las tetas cuando quería, y al decir esto le tocó las tetas y ella se estremeció, se protegió con ambas manos preciosas, con sus brazos suavecitos se cubrió las tetitas. Entonces él quiso tocarla entre los muslos y ella gritó, lo empujó con todas las fuerzas de su alma destrozada, abrió la puerta del convertible blanco y salió, corriendo entre los otros carros y sollozando. Brian la siguió en el Chevrolet blanco y ella se escondía entre los otros carros hasta que vio a una muchacha que conocía y se metió en el carro de ella, Carol Smith se llamaba y era una senior buenagente que le dijo a Brian que era un animal, un bruto era, dijo, y Brian, furioso por la humi-

20

llación de verse rechazado frente a una senior, la insultaba otra vez diciéndole boricua de mierda. Dijo Spik, la palabra que usaban en el Bronx; no sé cómo la supo pero la dijo. Carol la protegió y ella y el novio la llevaron a su casa. Le dio tanta vergüenza decírselo a la abuela, que aprendió a mentir y sólo dijo:

—Era muy buena la película.

Su madre se le quedó mirando cuando dijo eso.

Desde ese día Carol fue su mejor amiga. Se encontraban para almorzar y se contaban todas sus penas. Carol le explicó que Brian era un engreído y un egoísta. Ella le preguntó si era necesario enseñar las tetas y bajarse los pantis para que un hombre te quisiera.

—Y el amor, Carol, ¿no es otra cosa?

Y Carol suspiró, y dijo que en las películas era bien lindo. Y que la vida, tristemente, era otra cosa. Pienso que es extraño que adivinara estas verdades siendo tan joven; pero no explicó más.

No sabían. En realidad las mujeres no sabían nada de la vida, dijo. Carol tampoco sabía.

—Cuando un hombre le dice puta a una mujer, es para insultarla, Carol. Mi abuela le dice puta a una mujer que se le sobra a un hombre.

—Tengo un tío que le dice puta a su mujer porque usa trajes tubo bien apretados.

—Yo nunca he visto a una puta de verdad, ¿tú las has visto?

21

—Yo tampoco. Un día vamos a Boston al barrio donde dicen que hay muchas.

—Me da miedo, Carol.

—A mí también, pero me gustaría ver una.

—¿Sabes lo que pienso? Las putas son las únicas que conocen a los hombres.

—Pero los hombres no se enamoran de las putas, Carol. Las putas venden su cuerpo por dinero; eso es despreciable.

—Mi madre vende su cuerpo por comida, casa y carro y una membresía en el club y tarjetas de crédito en Saks Fifth Avenue y Bonwit Teller.

—No es lo mismo, ¿Cómo puedes decir eso? Tu madre no se acuesta con muchos hombres.

—Por tener la exclusividad, mi padre tiene que pagar mucho más.

—¡Qué cosas horribles dices a veces, Carol! Son cosas que mi abuela Clara podría decir si se atreviera a pensarlas. Pero no se atreve.

—Los hombres sólo aman a las mujeres inocentes. Fíjate en las novelas.

—A las mujeres inocentes se les engaña fácilmente. No tienen malicia.

—Será por eso que las aman.

—Yo no puedo pensar así, Carol, no quiero. Me hace infeliz.

—Yo no quiero ser inocente. Pero te entiendo. Piensa como tú quieras.

—Carol, ¿tú crees que se puede saber la verdad ⸤
vida y ser feliz? Dime, ¿tú qué crees?

Después se hizo amiga de Rita y después de Maryann. Tenía muchas amigas y todas la adoraban. Se sentaban en la mesa de la cocina a chismear de muchachos y de modas y de canciones y se comían todas las galletas que hacía Marina. Tremenda repostera que era Marina. En Worcester aprendió a hacer bizcochos de chocolate y de pistacho. También hacía pai de limón, con la clara batida como un sombrero espumoso sobre la crema amarilla. Para el pai de manzana esperaba el otoño y usaba manzanas frescas. Sus braunis no duraban ni una hora en las latas de galletas "Keebler".

Al principio, cuando se fue Marina, nos hizo mucha falta. Pero entonces fueron llegando otros parientes: Tío Sergio y Tío Alberto nos cayeron en Worcester una tarde de julio y se quedaron hospedados en casa hasta que papi les consiguió trabajo. Papi era amigo de todos los líderes del barrio puertorriqueño. Le decían el padre y era el patriarca de la comunidad, no porque fuera el más viejo, aunque papi siempre fue viejo, sino porque era el más rico. Cuando yo fui a entrar a la Universidad de Boston, vendió parte de la finca de Lajas para pagar mis estudios y luego los de mis hermanos. Papi era bien rico cuando éramos chiquitos, pero después fue menos rico porque gastó su fortuna en darnos una educación y en mantener a la familia de mi madre.

—Dile a Esteban que necesito un carro nuevo.

—No molestes a Esteban, Sergio Ríos. Recuerda que le debes muchos favores.

—Quiero me preste tres mil.

—Cógelos en el banco.

—Mira, Clara Ríos, tú no eres pendeja. Eres una egoísta, eso es lo que eres.

—Haz lo que te dé la gana, Sergio. No tienes vergüenza.

—No te contesto por no joder; ya sabes.

Cuando Carol tuvo relaciones sexuales con el novio, se lo contó todo. Dijo que sintió mucho placer cuando él la desvestía porque le besaba todo el cuerpo. Dijo que él le chupó las tetas y que eso le gustó al principio; luego le dolían los pezones. Estaba muy excitada y quería que él la penetrara poco a poco, pero él se lo metió de pronto y se vino enseguida. Dijo que se sintió infelicísima.

—¿Más nada, Carol? ¿No sentiste como un temblor de tierra? Hay novelas que dicen eso.

—No sentí nada más. Trataremos de nuevo. Dicen que hay que hacerlo muchas veces antes de que sea bueno.

Y se encogió de hombros, así, como desdeñosa. Pero como ella seguía con la boca abierta, Carol añadió:

—Lo más que recuerdo son sus ojos. El deseo los pone vidriosos. Primero les nubla el brillo y luego se llenan de luces y estallan. Parecen estrellas sumergidas en un tiempo fuera del tiempo. Me excita recordar cómo me miraba. Y tenía las manos calientes: era divino sentir sus manos sobre mi cuello y mi espalda, sobre mis muslos.

—Háblame más de esa mirada, Carol.

Cuando se fue mi madre, los primeros días no nos hizo falta. Luego pensamos que nos tenía que hacer falta, porque era, después de todo, nuestra madre. Aunque no le decíamos mamá. Ni mami. La llamábamos por su nombre: Esmeralda. Esmeralda dónde está abuela, Esmeralda dónde está papi y así todo el tiempo. Cuando éramos bebés y empezábamos a balbucir palabras, oíamos a abuela y a Marina llamarla así. Repetíamos su nombre por imitar a abuela. Pero después nos hizo falta. Yo me pasaba buscándola por toda la casa. Ahora que no estaba la buscaba y antes, cuando estaba, no la buscaba. El que no estuviera me hacía sentir mal. Me daban ganas de llorar. Creo que Azucena regresó a Puerto Rico por eso. No podía soportar el que Esmeralda no estuviera. Aunque hubiera decidido no volver a hablarle, aunque la odiara. Yo también la odiaba, especialmente cuando encontraba a papi llorando. Tenía los ojos azules llenos de lágrimas y me abrazaba con pena, pero yo le decía que lo quería mucho y se le iba pasando la tristeza.

Sin embargo, a veces no la odiaba. A veces entendía y quería quererla. Pensaba en Esmeralda, mami, mami, y me dolía el corazón. Abuela Clara sí que estaba furiosa. En vez de defender a la hija de su vientre, a la sangre de su sangre, defendía a papi. Me confundía mucho la actitud de abuela. Como que dejó de querer a su hija y eso me confundía. También confundía a Azucena y a mis hermanos: se les veía en los ojos y cuando hablaban de Esmeralda, de mami, se sentían incómodos, se sentían culpables de quererla, y abuela decía: se murió para mí; total, para lo que servía. Y yo pensaba: mami, mami, quiero verte: ¿por qué abuela no te quiere ya?

Después he pensado que los hombres quieren a las mujeres obedientes nada más: por eso insisten tanto, cuando somos chiquitas, en que seamos obedientes. Cuando las mujeres hacen lo que quieren, los hombres dejan de quererlas; las castigan, eso es.

Abuela pensaba como los hombres, eso creo.

Un día llegamos a la casa de Worcester y mami se había ido. Me acuerdo que era otoño y los árboles de la calle comenzaban a desnudarse. Veníamos de la escuela; Azucena y yo caminábamos desde la esquina donde nos dejó la guagua. Yo le decía a Azucena que no me gustaba la maestra de inglés porque tenía la voz chillona y me escupía la cara cuando se acercaba a mi pupitre. Cuando Abuela Clara nos abrió la puerta, estaba más pálida que un muerto. Papi estaba encerrado en la biblioteca. Qué te pasa, abuela, dijo Azucena. Qué te pasa, abuela, dije después, casi enseguida.

Nos mandó a subir a las habitaciones, pero después nos vino a buscar y nos dijo que Esmeralda se había mudado a otra casa. Por qué, abuela, por qué, dijimos agarrándole las manos. Dijo que no sabía. Dijo que Esmeralda había empacado una maleta no muy grande y se había llevado pocas cosas: tres pares de zapatos solamente; dos camisas de dormir. Esmeralda empacó a escondidas, sin que abuela se diera cuenta. Entonces fue hasta la cocina, donde en ese momento abuela ordenaba la despensa y se lo dijo: Me voy. A Esteban le había dicho: Me tengo que ir, Esteban. Gracias por todo. Te quiero mucho, pero quiero hacer mi vida en otra parte ahora.

Yo no sé lo que hizo papi. Debe haberla tratado de convencer de que no se fuera. Tal vez le dijo: Si te vas, ¿qué será de ti? Eso se parece a lo que papi pudo haber dicho. Aunque tal vez quiso pegarle, le tiró la puerta en la cara, quiso tratar de encerrarla en su cuarto.

Esmeralda salió de la casa de Worcester, cargando ella misma una maleta no muy grande, y caminó bajo los árboles que comenzaban a desnudarse hasta que dobló la esquina al fondo de la calle.

Abuela debe haberle gritado mala hija y mala mujer, pero

a nosotras sólo nos dijo que Esmeralda se había ido, y como abuela era quien nos vestía y nos daba de comer, continuamos igual que antes, las mismas camas y vestidos y la misma comida.

Papi se puso triste, eso sí. Y Raulito y el nene subían y bajaban las escaleras como perdidos.

Mami, mami, qué bueno verte, pienso. Pero digo: "Esmeralda, cómo estás, qué linda es la nena". Y es linda de verdad. Tiene los ojos negros y el pelo rojo y ensortijado. Parece una muñeca y es dulce, dulcísima. Entonces miro a mami y la veo sonreír. Creo que no recuerdo haberla visto sonreír así. Nunca. Me sonríe y me acaricia el pelo. Acaricia a la nena.

"Cumplió dos años anteayer", dice tranquila, como si lloviera, como si el viento descansara. "Yo misma la cuido." Y añade: "Le hice un bizcocho con dos velitas. Me hubiera gustado que estuvieras con nosotras."

Mami, mami, quiero decir. Quiero abrazarla y consolarla, decirle que la amo.

Pero no puedo. Cumplo con visitarla. Ese ha sido el acuerdo del divorcio. La visitamos una vez al mes. Azucena casi no quiere venir. Los varones sí vienen. Mami los abraza largo rato y siempre comenta lo grandes que están. Raúl es muy guapo. Tiene la mirada limpia de los Guarch y va a ser alto y fuerte.

Mami vino a mi graduación de High School. Pensé que tal vez no vendría, pero llegó cuando empezaba la ceremonia y se sentó en la última fila. Como me llevé varios premios, estoy segura que se sintió orgullosa de mí. Papi y Abuela Clara y mis hermanos estaban sentados al frente y aplaudían enloquecidos. Azucena estaba en Puerto Rico estudiando química orgánica durante el verano, eso lo recuerdo bien, por eso no estaba allí. Tío Sergio sí que fue, y Tía Marina y Tío Carlos vinieron desde Nueva York. Me sentí feliz ese día, pero me dio pena mami allá sola al final, como aferrada al borde de un precipicio se veía. Cuando yo era una niña soñaba que me caía por un barranco y lograba agarrarme a un arbolito; era que lo había visto en las películas, en muchísimas películas pasaba eso y tenía esa imagen almacenada en el cerebro. Entonces, cuando vi a mami allá atrás, me acordé. Tenía puesto un traje azul turquesa con un cinturón rojo y se destacaba entre aquel montón de americanos desabridos, como lavados se veían, pálidos y sin brillo, todos iguales: y en medio mi mamá que era preciosa, los americanos le decían que se parecía a Vivien Leigh, la de "Lo que el viento se llevó". Yo he visto esa película y lo más que recuerdo es a Reg Butler levantando en brazos a Scarlet O'Hara y subiendo por aquella escalera regia: ancha y de mármol, con una alfombra roja me parece que había, o por lo menos así la recuerdo yo. La escalera subía en curva y aquel hombre tan fuerte y bello ascendía por ella: recuerdo su boca grande, sus labios carnosos y el bigote. Recuerdo su cuello fuerte y sus brazos que me levantan como si fuera una plumita, para él no peso casi, mi traje largo es blanco, de muselina transparente y suave y voy vencida entre sus brazos, hacia arriba. No me acuerdo la escena que le sigue. La borré. Cómo si lo único que importara fuera aquella escalera y aquellos brazos y sentirme ingrávida.

Al terminar la ceremonia, los varones y abuela corrieron a abrazarme. Entre sus besos y sonrisas y palabras vi a papi: estaba emocionado. Ya para aquella época empezaba a envejecer. Quiero decir a caminar despacio, a quedarse dormido frente al televisor. Pero me abrazó con la fuerza de un hombre joven. Y yo supe que me amaba como nunca volvería a

28

amarme ningún hombre.

Desde la última fila, mami nos observaba. No se atrevió acercarse. Abuela y papi ni la miraron y eso me dolió. Tuve que decirles que iba a saludar a Esmeralda y asintieron como quien dice: vete, es tu deber de hija. Fui donde mami y la abracé llorando porque ella estaba llorando. Esmeralda, gracias por venir, le dije con un dolor bien grande en el corazón. Ella me besó la frente y me acarició. Se veía tan joven, como una niña casi. Con las mejillas húmedas me dijo: Felicidades por tu éxito. Entonces me puso una cajita entre las manos, envuelta en papel colorrosa, de satén. Era una sortija de rubíes y perlas que papi le había regalado cuando yo nací. Al irse ella había querido devolver las joyas y papi no quiso, que no, que de ninguna manera. Papi era un caballero. Todo el mundo lo decía.

También dicen que cuenta la leyenda, como siempre han contado las leyendas, que Esteban Guarch había llegado al pueblo de Jayuya persiguiendo un sueño. Apareció un domingo vestido de caballero, chaqueta y pantalón de dril blanco y con un clavel rojo en el ojal. Los zapatos puntiagudos eran blancos y negros—las puntas y el talón y los cabetes eran negros—y la corbata era de seda china con un dragón de fauces terribles estampado entre los dobleces. Estacionó su Chevrolet blanco convertible, de gomas blancas y nervaduras de cromio, justo frente a la iglesia, prendió un cigarrillo marca Camel y se quedó mirando, toda la mañana, a la gente que acudió a cumplir con las leyes de la Santa Madre Iglesia. Hacia el mediodía, Esteban Guarch entró a un establecimiento que quedaba en una esquina de la plaza y pidió una cerveza; debe haber sido una marca norteamericana. Al rato de estar allí sentado, solo y meditabundo, Esteban Guarch pagó y regresó a su automóvil, el cual se encontraba rodeado de caritas asombradas que tocaban con miedo aquella maravilla al parecer caída del cielo. Esteban Guarch se detuvo un momento a observar a las mujeres que formaban un círculo de observadores ubicados a una distancia prudente del vehículo. Al encender el motor, continuaba observando los rostros femeninos por el espejo retrovisor y continuó observándolos hasta que ya no pudo verlos más y se perdió en los recovecos de las carreteras bordeadas de helechos y miramelindas.

Regresó otros domingos y luego se decía que lo habían visto por los campos, sentado, junto a un río, sobre las enormes piedras cubiertas de petroglifos, o caminando por las carreteras empinadas y los bosques de café. Algunos opinaron que era un fantasma, un alma en pena que vagaba sin poder descansar por causa del maleficio de una mala mujer. La mayoría de las mujeres sintieron miedo, porque él las miraba con insistencia, las repasaba desde la frente hasta los pies; otras se enamoraron locamente de sus ojos azules, su dignidad señorial de hombre maduro y sus zapatos de dos tonos. A todas, sin excepción, les llamó la atención la delicadeza de sus manos: largas, finas, sin callos ni cicatrices: manos de hombre rico. Y se estremecieron secretamente al pensar en esas manos suaves sobre sus senos y su cintura. Siempre vestía de blanco. Por eso los vecinos pensaron que era un fantasma. Pero un día un niño se atrevió a pararse sobre el estribo del automóvil porque ya la tentación de hacerlo no lo dejaba dormir. Esteban Guarch lo vio y en vez de regañarlo lo sentó a su lado y lo paseó un ratito mientras la madre se moría de terror y los otros niños de envidia.

Andaba por allí, llegó a explicar al fin, asediado por la curiosidad de los jayuyanos, porque buscaba a una mujer. Quería casarse, dijo, con esa mujer. Entonces todas las madres lavaron a sus hijas, las perfumaron y las vistieron de blanco para que pasearan por la plaza y fueran a misa los domingos. Esteban Guarch terminó por hospedarse en casa de la viuda del alcalde, quien lo conocía, dijeron, de mucho antes, y conocía mucho a su familia, gente muy distinguida de Lajas, dijo, un apellido de los buenos.

Y sucedió que un día, Esteban Guarch la vio cruzar por un atrecho entre los plátanos y los gandures, y enseguida averiguó los pormenores y los antecedentes: gente blanca, muy pobre, padre vago y borrachón, madre sacrificada, de buena raza, venida a menos por amor, jodida por los hijos, un fracatán de niños preciosos, eso sí. La madre, Clara Ríos, había sido una mujer hermosa y rica, hija del farmacéutico del pueblo. Pero loca, decían; no, mejor apasionada, voluntariosa; a veces es lo mismo. Se fugó con un peón de su padre, a ver si eso no es loco. El viejo Ríos nunca la perdonó. Hizo todas las trampas del mundo para dejarla sin un centavo. Se murió maldiciendo su nombre y el de su esposa por haberle dado una hija semejante. El dinero lo heredaron los otros hijos y lo despilfarraron en los gallos y el ron.

Clara Ríos tuvo ocho hijos con José Rubén Rivera, todos sanos y blancos. La segunda de las mujeres se llamaba Esmeralda y era la niña más bella del mundo: le brillaba la piel y su cabellera rojiza le llegaba a la cintura. Olía siempre a flores, como si llevara una enredadera de jazmines prendida entre las piernas. Al entrar en la pubertad, los hombres apartaban la vista cuando ella se acercaba. Les daba vergüenza tanta belleza. Vivían los diez, padres e hijos, apretujados en una casita de madera construida sobre socos y sin pintar, destartalada y con rotos en los tablones del piso. Por las tardes, mientras esperaban las malangas y los plátanos de la cena, todos los niños se sentaban en los escalones gastados por el sol y la lluvia. Los más pequeños no tenían ropa ni zapatos.

Esteban Guarch, hombre rico dueño de haciendas y carro muy lujoso, de 53 años de edad, se enamoró de Esmeralda Rivera Ríos, dieciséis años recién cumplidos, y la pidió en matrimonio. La madre, Clara Ríos, mandó a coser un traje blanco inmediatamente y a los tres días se casaron. Clara quiso que la boda fuera lo más pronto posible para no dejar espacio alguno al arrepentimiento.

Dije, justo al principio de esta historia, que ella no me conoce y yo sé todo sobre ella. Bueno, al menos sé algunas cosas. Sé que su madre, Esmeralda Rivera Ríos, estaba tan asustada el día de su boda con Esteban Guarch, que no se atrevió a llorar. Clara Ríos, la madre de la novia, se encontraba hechizada por su buena suerte. Cuando niña, cuando había sido rica, había leído cuentos de príncipes azules que besaban los labios de princesas dormidas y las devolvían a la vida. Vivía un sueño, se repetía, Clara, infeliz, despierta, se gritaba, pero abría los ojos y lo veía tan guapo, tan bien vestido y dulce, tan caballero, buenos modales e impecable educación. Si lo hubiera leído en una novela no lo habría creído. Era el hombre que había soñado su soledad y los sueños son implacables. Qué suerte la de su hija.

Esmeralda Rivera Ríos fue entregada en matrimonio por su padre, José Rubén Rivera, al caballero de Lajas Esteban Guarch Leclerc, el 4 de junio de 1942, a las diez de la mañana, en una pequeña ceremonia a la que sólo asistieron los miembros de la familia más cercana. La nota, con una foto de los novios, apareció en el periódico El Mundo, en la página de Eventos Sociales, dos semanas después. Debe haberla enviado la ilusionada madre Clara Ríos, aunque carezco de pruebas al respecto. Dicen que se sintió tan orgullosa de su hija, que ese día mandó comprar una docena de periódicos para enviarle el recorte a todos los parientes que podía recordar.

Otro recorte de periódico que debe mencionarse en esta historia es la siguiente esquela, aparecida en El Mundo dos años antes de la boda: Laure Leclerc viuda de Guarch falleció el 14 de julio del 1940. Su hijo Esteban y su hermana Adéle; sus sobrinos Enrique, Sarah, Doris y Juan Manuel notifican que el sepelio se verificará hoy lunes 15 de julio a las 2:30 de la tarde. La comitiva fúnebre partirá de la funeraria González hacia el cementerio privado de Lajas. El recorte lo guardaba Esteban Guarch entre las páginas del Hamlet de William Shakespeare, uno de sus libros favoritos.

Esteban Guarch, tal y como lo planificara desde su juventud, se casó a los 53 años para tener hijos. Desde el día en que contrajo nupcias con Esmeralda Rivera Ríos, dedicó todo su esfuerzo mental y físico a construir una familia. Compró la mejor casa de la plaza de Jayuya, con un balcón ancho de losas que las sirvientas lavaban diariamente y un jardín alrededor, e inmediatamente se mudó a vivir con la pareja la hermana mayor de la novia, Marina Rivera Ríos, para ayudarla con los menesteres domésticos, y poco tiempo después, porque la casa tenía muchos cuartos disponibles, se mudaron también el hermano mayor y la hermana menor, de modo que Marina, siguiendo las instrucciones de su madre, tuvo muchos quehaceres y responsabilidades entre sus manos.

Se levantaba al amanecer y despertaba a las sirvientas y cuando Esmeralda y el señor Esteban bajaban a desayunar, el café estaba recién colado y el pan fresco había sido recogido en la panadería y la leche fresca en el colmadito de don Pancho. Si Esmeralda quería ayudar, no la dejaban porque ahora era señora, eso decía la madre.

—Si quieres, tú te ocupas de bordar un mantel—, le dijo Clara Ríos a su hija Esmeralda.

—Si yo no sé bordar—, le respondió la hija, perpleja y asustada, cada día más asustada.

—Pues aprende. Eso es lo que tienes que hacer.

Ni soñar que fregara un plato o lavara un calzoncillo o zurciera una media. Ni soñarlo. Tendría manos de señora: eso era lo que tenía que tener.

Y mandaron a buscar a los árabes para que trajeran sus rollos de hilo puro de Irlanda. Esteban Guarch quiso bordar sus iniciales y las de su mujer, GR, entrelazadas sobre el ruedo de las fundas y de las sábanas. Entraron a la casa en tropel y desparramaron la mercancía por la sala y el comedor. Abrían los rollos como si fueran jugadores profesionales barajeando las cartas, con un rápido gesto de las expertas manos el hilo fluía en ondas, alabastro líquido parecía. Siempre, desde que el mundo es mundo, los árabes que venden hilo puro de Irlanda y encajes de Brujas por los pueblos de Puerto Rico poseen una gracia carnal.

Para que el resto de su familia por matrimonio no continuara viviendo en aquellas deplorables condiciones, Esteban Guarch les compró una casita de cemento en el pueblo, a dos cuadras de la plaza y de su blanca residencia. Allí se instaló la pareja con los cinco hijos que le quedaban. Pero al año siguiente, cuando Esmeralda parió a Azucena, Clara Ríos se mudó a vivir con el matrimonio Guarch y dejó a José Rubén Rivera y los tres varones restantes a cargo de su hija menor. Entonces la casa blanca de la plaza se llenó de cortinas con arandelas, colchas bordadas y butacas de raso y Clara Ríos sintió, por primera vez en sus cuarenta y cinco años, que era feliz. La parturienta convaleció con la ropa de cama más fina que se había visto en Jayuya y tomó sopa de pollo por los 40 días prescritos por la tradición. Con la excusa de su larga experiencia, la abuela Clara se hizo cargo del cuido de la bebé. La bañaba, le daba de comer, le cambiaba los pañales y la mecía en los sillones del balcón. Sin que nadie dudara si era lo indicado, instaló el moisés, con blondas de chantilly y grandes lazos colorrosa, en su propia habitación.

Cuando yo nací, abuela también me cuidó. Azucena y yo le decíamos mamá a abuela y a mami le decíamos Esmeralda. Aunque también le decíamos abuela a abuela. Cuando yo nací dicen que papi quería un macho. Estaba como tristón pero al verme se entusiasmó y le regaló a Esmeralda la sortija que luego ella me regaló para mi graduación de High School. Siempre la uso porque es una joya antigua y se ve bien no importa el tipo de vestido: igual con pantalones vaqueros que con traje de coctel. Tiene un rubí en el centro y perlitas alrededor y la montura es de oro. Una vez la llevé a limpiar a una joyería de Boston y me la querían comprar. Me da placer usarla, no sé porqué la sortija me hace sentir tan agradablemente cómoda; como si me diera seguridad, eso es.

Abuela nos cuidó de bebitas y al crecer teníamos un cuarto cerca del de ella. Abuela nos escogía la ropa y nos cepillaba el pelo por las mañanas. Titi Marina también nos peinaba. Recuerdo que teníamos trajes iguales para ciertas ocasiones: no me olvido de los apliqués del traje de cuadritos azulmarino y blanco: era de algodón puro. El apliqué era una niña de pelo rubio con una regadera en la mano. Le estaba echando agua, unas gotitas amarillas, a tres flores de centro rojo y pétalos azules. La regadera era verde como los tallos y la grama. Creo que por eso prefiero las regaderas verdes, aunque también me gustan las rojas y las amarillas. También teníamos un traje con apliqués de ositos, y otro con barquitos de vela. Para las fiestas de cumpleaños y la Nochebuena nos vestían de organdí. Azucena odiaba los trajes de organdí porque picaban y se quitaba la ropa tan pronto podía. Una noche se apareció desnuda en la sala, frente a todas las visitas con solo sus pantis tejidos puestos. Abuela la agarró por el brazo y la encerró en nuestro cuarto. Creo que le pegó con la correa de papi, pero no recuerdo oír llorar a Azucena. A mí nunca me pegaron por eso, porque aunque el traje me molestaba y me picaba la cintura y debajo de los brazos, lo soportaba por verme linda. Me gustaba que las visitas me dijeran linda y que papi se sintiera orgulloso de mí.

En la Universidad de Boston, la menor estudió cine. Le gustaba la historia y el arte, pero quiso estudiar algo moderno. También le hubiera gustado ser periodista, en las películas siempre los periodistas llevaban vidas excitantes. Pero Clara pensó que eso era peligroso, como que no era adecuado para una señorita de su clase el tener que estar en la calle todo el día y andarle detrás a los pillos y a la gente famosa.

—Me gusta el arte, abuela.

—¿Entonces quieres ser pintora, mijita?

—No, quiero estudiar los cuadros que han hecho los pintores, y entender porqué pintan así.

—Tu hermana Azucena estudia medicina. Eso sí que está bien.

—Pero a mí no me gusta la ciencia. No la entiendo. En la High no pude cortar el sapo: no lo hice: lo hizo Joey, el pelirrojo aquél, por mí. ¿Te acuerdas el que me llamaba todos los días por teléfono?

Entonces, el cine fue una especie de compromiso, porque sonaba importante y glamoroso, pero nadie entendía de qué se trataba; total, todo el mundo veía películas. Esa no es una carrera de verdad, pensó Esteban Guarch. Y se preocupó mucho por su adorada hijita.

36

Un verano, luego de terminar mi segundo año de Universidad, Azucena llegó a Worcester de visita y vino acompañada de un amigo español. Se llamaba Manuel y era guapísimo, como un galán de cine. Sólo eran amigos, nos explicó Azucena, compañeros en la Escuela de Medicina de Valencia. Abuela Clara lo instaló en un cuarto del segundo piso, el más alejado del nuestro que tenía la casa; por si acaso, supongo. El sólo aprovechaba la oportunidad de alojamiento con una familia porque quería aprender inglés y conocer Norteamérica. Era muy simpático y bien educado. Le besaba la mano a Abuela Clara y nos abría la puerta cuando íbamos a entrar al automóvil. A papi le cayó en gracia y se sentaban por horas a hablar de Europa. Oyéndolos hablar me di cuenta que papi sabía muchas cosas, que yo sabía muy poco de su vida.

También había pensado eso en aquella ocasión en que un señor español, casi tan viejo como papi, había venido a visitarnos. Se encerraron a hablar en la biblioteca varias horas. Papi parecía otro. Lo ví haciendo chistes y con un brillo extraño en la mirada. Pero ese señor nunca volvió porque se murió de cáncer, eso comentó papi a Abuela Clara cuando lo supo. A papi se le fueron muriendo poco a poco todos sus amigos, que creo tuvo muchos antes de casarse.

Con Manuel parecía recobrar algo de aquella otra existencia. A veces Manuel y papi se quedaban hablando y Azucena salía al cine con otro amigo. O con Peter y yo. Y Manuel como si no fuera con él. Y un día yo noté que Azucena se ponía como angustiada cuando Manuel se iba para Boston sin preguntarle si quería acompañarlo. Me acerqué y le puse una mano en el hombro para que supiera que yo comprendía y me miró desolada. Entonces la abracé y se echó a llorar y me confesó que estaba enamorada y no sabía qué hacer, él la ignoraba, no la veía como mujer, sólo como una amiga, compañera de profesión sin sexo ni misterio ni changuería ni nada. Me dio pena Azucena con su amor escondido que sólo yo sabía porque la conocía tan bien, siempre juntas y vestidas iguales aunque éramos tan distintas. Pero yo la quería, especialmente cuando podía ayudarla y tenía problemas. Cuando me quería mandar la detestaba; como era más inteligente que yo, creía que tenía derecho a dirigir mi vida. Pero en el fondo era muy buena. Era sólo su carácter fuerte. Verla así tan desvalida por causa del amor me hizo quererla mucho.

Entonces yo decidí que era necesario llevar a cabo un plan de acción y que era aconsejable y prudente consultar este plan. Y llamé a Maryann y a Rita y nos sentamos las cuatro, una mesa redonda en el piso entre la cama de Azucena y mi cama. Pusimos música de Los Beatles para pensar mejor. Y al final de una noche de descubrimientos y confidencias y absurdas teorías sobre el amor y John Lennon y la Coca-Cola y las donas rellenas con limón, decidimos que había que ponerlo celoso. Peter ayudaría.

Y así fue. El hermano de Peter era sólo gerente de una gasolinera, pero era un James Dean de sexy. Se rió de nuestro plan, pero accedió por vanidad. Lo primero que deben aprender las mujeres que interesan manipular a los hombres es que son vanidosos. Nuestra estrategia de la araña tuvo éxito, claro. Cuando Manuel vio a Azucena montándose en el convertible de James Dean, y él que la besaba, para qué fue aquello. Se puso verde. Se puso blanco. Se enfermó y no quería salir del cuarto. Abuela Clara, que aunque parezca raro no se había dado cuenta, le subía tazas de té. Nos llegamos a preocupar porque creíamos que moriría. Es extraño que en vez de ponerse violento, malcriado y fastidioso, como otros hombres que he conocido, Manuel enfermara de tristeza. En especial porque después hemos podido comprobar que tiene un carácter tan fuerte como Azucena. Los celos lo pusieron como un pajarito mojado.

Un día en que Azucena, con un super escote y shorts blancos y apretados, subió hasta el cuarto para indagar,

38

malévola y cruelmente, sobre su estado de salud, Manuel no pudo más. Levantó los dos brazos, la agarró por los hombros y la metió en su cama, mordiéndola y besándola y llorando y pidiéndole, por favor, que se casaran enseguida. Azucena no nos contó todo lo que pasó, pero dudo que hicieran el amor, tener sexo quiero decir, la abuela Clara nunca la hubiera perdonado, bajo su propio techo y sin casarse no.

Azucena no nos contó, pero estuvo mucho rato en el cuarto de Manuel y nosotras distraíamos a la abuela para que no interrumpiera y papi, como estaba dormido frente al televisor, no molestó ni preguntó por Azucena.

Cuando bajó las escaleras, venía como atontada y nos miraba con los ojos bien abiertos y respiraba hondo y empezamos a preocuparnos por ella hasta que comenzó a reírse. Se reía y se reía sin parar y nos contagiamos Maryann, Rita y yo y todas nos reíamos a carcajadas. Abuela pensó que estábamos locas, porque ya no teníamos 14 años para comportarnos así, con aquella pavera.

—Peter, Peter no quiero.

—¿Por qué no? Somos novios. Te quiero. Voy a casarme contigo.

—No puedo, Peter, no puedo.

—No te va a pasar nada, no te va a doler, te lo prometo.

—No tengo miedo al dolor, no es eso.

—¿Y qué es? dime, mi amor. ¿Porqué no nos casamos en una boda doble; con Azucena y Manuel?

—No quiero casarme ahora. Quiero estudiar.

—¿Para trabajar en cine? Pero si no eres actriz, ni fotógrafa, ni escribes tampoco.

—No sé si voy a trabajar en cine. Sólo quiero estudiar.

No es que no lo quisiera. Peter era muy bueno y guapo,

un irlandés católico y sin vicios, se querían sin duda. Pero no podía. Tampoco pudo con Bob Pérez, el niuyorrican del Bronx que la persiguió por todos los salones de clase de Boston University. Bob Pérez estuvo a punto de suicidarse por ella, le contaron que entonces empezó con la droga fuerte. Ni con Robert Piazzola, que parecía un artista de cine italiano.

No sabía por qué. Al cabo de un tiempo con un novio, el corazón se le congelaba: le caían toneladas de nieve encima de los tiernos latidos. No se atrevió a contárselo a Azucena, ni a la Abuela, ni a su padre. Maryann y Rita le dijeron que no estaba enamorada, que ya vendría el hombre que la rendiría a sus pies. A Esmeralda tampoco se atrevió a contárselo; aunque ensayó hacerlo: se lo dijo frente al espejo. Le dijo mami, llorando, y se puso el dedo en la boca como indicándole que guardara silencio.

Mami, mami, pensó. No invitaron a Esmeralda a la boda de Azucena y Manuel. Fue a la iglesia y se quedó quietecita, sentada en el banco de un rincón oscuro durante la ceremonia. La menor vio a la madre al salir y Azucena probablemente también la vio. Había enviado un regalo de bodas: unas sábanas de hilo con las iniciales bordadas. Debe haberlas bordado ella misma, pensaron todos. Pero no lo dijeron. Dijeron que estaban muy bonitas. Dijeron que era un regalo de muy buen gusto y que Esmeralda siempre había tenido buen gusto.

Dos semanas después de la boda, luego que Azucena y Manuel regresaron a Valencia para continuar sus estudios, graduarse, poner oficinas adjuntas y colaborar estrecha-

40

mente en ayudar al prójimo y hacerse ricos, tener hijos y heredar huertos de naranjos, la menor fue a visitar a Esmeralda. La llamó por teléfono primero y Esmeralda dijo que estaba bien, que viniera, que le hacía tanta falta verla. Al entrar al pequeño apartamento la encontró pálida y delgada.

—Comencé a trabajar en Sears. ¿No te conté? La semana pasada. En el departamento de Joyería.

—¿Te cansas mucho?

—Mucho. Todo el día de pie.

Entra la nena y le da un beso a la hermana. Es cariñosa y muy bien educada. Le dicen la princesita. Ya tiene cinco años y empezó la escuela. Tiene mucha gracia y habla por los codos. Le trae a la hermana sus libros, para que los vea. Y también le enseña los libros de cuentos de hadas que le regaló Esmeralda. Al rato llega el padre y se sorprende de encontrar a la otra hija. Se llama Enrique Vélez y no nació en Estados Unidos. Nació en Cabo Rojo y es blanco y colorado y muy fuerte. Tendrá 35 años. Su matrimonio con Esmeralda es su primer intento de obtener la felicidad. Ha estado demasiado ocupado trabajando toda su vida. Emigró a los dieciocho años y trabajó de cocinero en Nueva York. Luego puso un negocio, un colmadito, en Boston. Lo trasladó a Worcester cuando conoció a Esmeralda.

No es un mal hombre, piensa la otra hija, y no lo odia. Pero quisiera que se fuera, que la dejara sola con su mamá y su hermanita. Y a veces odia a Esmeralda por querer a ese hombre, a Enrique Vélez, en vez de querer a su papá.

Le cuenta de la boda. Dice que su regalo a Azucena, las sábanas bordadas, es exquisito. Esmeralda sonríe.

—Pensé que le gustarían. Es más delicada de lo que parece.

—O de lo que quiere aparentar.

Madre e hija se entienden. En especial en lo que se refiere a Azucena y los varones. De la abuela Clara casi no hablan.

No le dice a Esmeralda que la vio escondida en el rincón de la iglesia. No quiere avergonzarla.

Esmeralda baña a su hijita. Le lava el pelo rojo. Todos dicen que se parece a la madre cuando era niña. Le da de comer. La lleva al zoológico, al cine, al circo. Le compra la mejor ropa. Trabaja en Sears para que su tercera hija, de cinco años, vista como una princesita, para que no tenga menos de lo que tuvieron sus otros hijos. Enrique Vélez no quiere que trabaje, pero Esmeralda insiste. La han empleado en Jordan Marsh porque su belleza realza la belleza de las joyas. Eso le dijo el jefe. Los americanos siempre se han asombrado con la belleza de Esmeralda. Dale con que se parece a Vivien Leigh.

Era más difícil ser racista en Worcester que en Jayuya o en Lajas. Parece paradójico y lo es: Estados Unidos es un país más racista que Puerto Rico. Pero en Worcester, Esteban Guarch y su familia eran puertorriqueños, aunque fueran blancos, aunque fueran racistas. Claro que en su casa Esteban Guarch siempre recibió a blancos, negros y mulatos. Tanto en Jayuya como en Worcester, si eran gente decente, eran bienvenidos. Tenía fama de hombre justo. Pero la cuestión de sus hijas y los novios de sus hijas era otro asunto. Y era difícil oponerse a que sus hijas salieran con los hijos de figuras destacadas en la comunidad puertorriqueña. Si eran mulatos, y muchos lo eran, ellas se sentían incómodas por no aceptar. De modo que aunque formaban parte de la comunidad, en cierto sentido no formaban parte, y muchos puertorriqueños decían que se creían mejor que nadie. No era verdad. Aunque hasta cierto punto era verdad. Pero ellas no tenían la culpa que las hubieran educado con aquel orgullo de ser blancas. En alguna ocasión, se sintieron atraídas a jóvenes puertorriqueños, serios y respetuosos y estudiantes universitarios. Pero aquel pelo rizo, aquellas encías oscuras, la nariz chata, el color aceitunado, el color chavo prieto de la piel, les producía espanto. Y sin embargo los blancos como Peter, como Robert Piazzola, como Steven y Joseph, eran distintos a ellas en sensibilidad y delicadeza de costumbres: mucho más diferentes que los hijos de jibaritos honrados que tenían la mancha del plátano tan arraigada, que ni aunque nunca hubieran visto un platanal en su vida se la podían borrar.

Era un extraño desarraigo el de la familia de los Guarch, un desarraigo con raíces profundamente puertorriqueñas. Ser o no ser, se decía a sí mismo, tal vez, Esteban Guarch cuando leía en voz alta el soliloquio de Hamlet. Lo leía en inglés: to be or not to be. Lo único que le faltaba era la calavera en la mano, pero se la imaginaba, de seguro se la imaginaba.

No se casó con Peter. Ni con Steven. Se graduó y se quedó a vivir en Boston. Compartía un apartamento con Rita y con una americana que se llamaba Sally y que salía todas las noches con un hombre distinto. Sally era "boy-crazy". Ella salía los viernes y los sábados nada más, a veces con amigas, para ir a un Pub, o al cine, o a un concierto. Trabajaba en una agencia de publicidad y es probable que hubiera ascendido rápidamente, porque era responsable y trabajadora y, claro, bonita.

Pero un día se fue a pasear por Boston. Caminó Beacon Hill y el sector financiero y se montó en una guagua y se sentó a comer un clam chowder en un restorán frente a la bahía. Debe haberse sentido terriblemente sola.

43

—Me voy, Rita.

—¿A dónde, qué estás diciendo?

—A Puerto Rico. Hace diez años que no voy. Ya casi no me acuerdo.

Pero se acordaba. Aunque no estaba segura de los detalles.

—Me voy, abuela.

—¿Qué dices, pero cómo te vas a ir? ¿Qué será de tu carrera? Allá no hay nada que buscar.

—Me regreso, abuela. Ya no puedo estar acá.

Abuela Clara hacía diez años que no iba a Puerto Rico. Ni porque José Rubén Rivera había muerto se decidió. Por teléfono le mandó a hacer una corona de orquídeas blancas, eso sí. Fueron desde San Juan a llevar la corona, en la guagua de una Floristería del Condado se presentaron, y era la corona fúnebre más espectacular que se había visto en aquellas montañas: un corazón inmenso de orquídeas blancas. Lo colocaron encima de la caja.

—Me voy, Papi.

—¿Y cuando vuelves, nena?

—No lo sé. Pronto tal vez.

—Cuídate mucho, nena.

—Tú también, Papi.

Y en San Juan la recibieron con bombos y platillos. En el aeropuerto estaba Tía Marina y Tía Clarissa y Tía Flor, las tres hijas de abuela y Tío Alberto, que era el único varón que vivía en Puerto Rico. Se había quedado con su padre en Jayuya. Y Tía Flor también se dedicó al padre, cuidando a José Rubén Rivera hasta el final. Estaban fascinados con la llegada de la sobrina más fina y más bonita que tenían. Y ella pisó la tierra y sintió en la cara aquel calor terrible, aquella humedad que la ahogaba, y cuando la familia la divisó y la reconoció y le gritó y se le tiraron encima con besos y abrazos, ya ella estaba llorando sin parar, sin saber

44

cómo ni porqué frente a ella no veía sino agua, y los abrazos y el inmenso amor que la rodeaba la hacían llorar más todavía.

—Esmeralda, me voy a Puerto Rico.

Fui a despedirme de mami y Esmeralda me miró sin comprender al principio. La nena se le sentó en la falda y ella la apretó contra su pecho. Al fin dijo: Vete. No dijo mucho más. La nena estaba bien alegre ese día. Se la pasó cantando y quería que yo jugara con ella a las muñecas. Me senté en su cama y jugamos con las barbis. Su barbi-doll rubia poseía un carro deportivo. La barbi-doll pelinegra era propietaria de una mansión con piscina. Y el barbi macho, el Ken, guiaba un Jeep chulísimo que fue lo que más me gustó. Yo no sabía, entonces, que era la última vez que vería a mi hermanita.

Y de pronto ahí están las montañas. Ella pensó, al volver, que las montañas no eran como las recordaba: azules e inmensas, tocando el cielo. Habían empequeñecido con los años, como si el tiempo fuera una poción mágica que reduce el tamaño de las cosas; el pueblo parecía de juguete, una maqueta de madera y papel. Si Azucena estuviera aquí, pensó, nos pondríamos a jugar: *en aquel balcón jugaríamos a Romeo y Julieta, en la plaza correremos patines y después subiremos por las escaleras hasta el Monumento del Indio para jugar a los indios. Yo seré Anacaona, dirá Azucena, claro, y querrá que yo sea Loarina y que me sacrifique por amor porque eso es lo más lindo que hay. Pero yo no quiero jugar a los indios, Azucena, yo quiero jugar a la Bella Durmiente, vamos a la iglesia y yo me acuesto sobre el altar y me hago la dormida. Después iremos a buscar a mami, porque Esmeralda nos está esperando en alguna parte. Tal vez esté en el castillo y esté dormida y nosotras vamos a despertarla para que vuelva. Pero, ¿dónde está el castillo?, dónde, Azucena... Vamos a ver si lo encontramos, vamos. Por favor ven conmigo, ven.*

La casa, en una esquina de la plaza de Jayuya, todavía es blanca y tiene miramelindas y helechos en el balcón. No sé qué habrá pasado con las Isabel Segunda que había; son tan lindas las flores azules, son tan raras; una casa de jardineras sembradas con flores azules no se olvida jamás. Nadie debería vivir en las casas que habitamos en la infancia, porque esos espacios nos pertenecen para siempre. Yo conozco esa casa como si fuera mi propio cuerpo, cuarto por cuarto, losa por losa, persiana por persiana. Mi baño era de losas verdes y amarillas y la pared tenía un zócalo con un diseño en el borde. En el balcón de atrás, el de la cocina de losas blancas y negras, abuela me enseñó a zurcir medias. Había un árbol de mangó y en el verano las ramas se doblaban por lo cargadas de frutos que se ponían. Me gustaban los mangós, pero de tanto comerlos me llegaban a repugnar. Mangós todos los días no se podía; no era como las chinas y las toronjas que podías comerlas a diario.

En el comedor, donde el sol se colaba por las persianas y poblaba la penumbra de cuchillos de luz, siempre había una fuente de porcelana con frutas colocada en el centro de la mesa. De diciembre a marzo la llenaban de toronjas, en junio tenía mangós y para agosto quenepas. Guineos había todo el año, y plátanos también.

A Esmeralda le gustaban las frutas. Mientras abuela y yo zurcíamos medias, ella se sentaba en los escalones del balconcito a comer mangós. Los arrancaba maduros de árbol y se los comía, quitándoles la cáscara con los dientes. Decía que así sabían mejor.

46

Cuando llegue Azucena, entraremos a la casa a buscar a mami. Debe estar perfumándose frente al tocador. Papi debe estar mirándola embelesado. Le ha dado un beso en la nuca, detrás de las orejas, como nos hacía a Azucena y a mí. Y ahora la mira en el espejo; le pone las manos sobre los hombros y contempla su imagen para mirar fuera del propio cuerpo y poderse reconocer en el otro: ella delante y él detrás, como una foto del siglo pasado.

Al cabo de unas semanas en casa de Tía Flor, había conocido a centenares de parientes. Bajaban por los montes, en romería y a chorros, a conocerla. Otros vivían en el mismo pueblo de Jayuya, o en Villalba, o en Coamo, o en Aibonito. Hasta de Ponce y Mayagüez vinieron por aquello de encontrarse y tener una excusa para cocinar grandes ollas de arroz con gandures, arroz con pollo, empanadas de yuca y jueyes, escabeche de guineítos y dulce de coco. Los domingos la gritería se podía oír desde la calle y los vecinos que pasaban se unían al alboroto. Los niños corrían por toda la casa jugando al esconder detrás de las cortinas y debajo de las camas.

Hace diez años, ella no recuerda haber tenido tantos parientes; se han multiplicado como güimos. Visten de Lerner Shop y de Sears Roebuck y guían Datsuns azules y rojos, son secretarias y mecánicos y maestras y empleados del gobierno. Todo ha cambiado tanto, qué muchas cosas nuevas hay, preguntan mucho por Azucena y por el marido de Azucena, es español, debe de ser guapísimo. Sí lo es, dice ella y se deja llevar por la corriente de todas aquellas manos que la tocan, los niños que se le abrazan a las rodillas y Tía Flor que le cuenta del abuelo: murió de cáncer y sufrió muchísimo.

Casi no me acuerdo del abuelo esposo de abuela Clara. Vino a la casa de la plaza de Jayuya pocas veces, y cuando venía se quedaba en la terraza, allí sentadito en un sofá de mimbre blanco, mirando con desconfianza a su alrededor y con el sombrero, todavía agarrándolo con las manos, reposando sobre sus rodillas. Me llamaba la atención que usara siempre camisas blancas de manga larga, con ligas sobre las mangas, como para aguantarlas. Yo me le acercaba y le tocaba los pantalones, que eran de algodón color café con leche. Y él se reía; ya casi no lo quedaban dientes, pero se reía conmigo porque mi manera de hablar le resultaba graciosa. Una vez yo lo cogí de la mano y me lo llevé a la cocina. El había venido a ver a Esmeralda y ella no estaba.

El quería mucho a Esmeralda y se preocupaba por ella; no lo decía, pero se notaba. Lo pasé por la penumbra del comedor y llegamos a la cocina de losas blancas y negras. Titi Marina estaba pelando una papaya verde para hacer dulce y le dijo que se sentara en una silla de madera que había pegada a la pared, justo debajo del reloj. Allí se quedó tranquilo por un rato, mirando a Titi Marina cortar los trozos que puso a hervir en una cacerola de porcelana blanca. Yo bajé al patio a jugar con Azucena y la encontré trepada a un palo porque y que allí era que vivía. Pero se cansó pronto y bajó agarrándose bien de las ramas hasta alcanzar la más bajita, desde donde saltó al piso. Subimos a nuestro cuarto a jugar con las muñecas y al rato, cuando bajamos, abuelo todavía estaba sentado en la cocina esperando a que Esmeralda regresara.

A veces, la casa de Worcester y la de Jayuya se le confunden en el recuerdo, especialmente los interiores. Su cuarto, por ejemplo. El de Worcester era más oscuro y más reducido, con una pequeña ventana a través de la cual se veía un árbol de magnolias. Casi siempre estaba cerrada debido al frío y tenía un marco de madera y dos cristales corredizos, uno arriba y otro abajo. Abría empujando hacia arriba el cristal inferior. Cuando la abrían en invierno, para limpiar el aire de la habitación, entraba un frío que se metía en los huesos. Y sin embargo era delicioso. La pureza del frío la estremecía con una precisión indescriptible.

El cuarto de Jayuya, por el contrario, tenía dos ventanas de dos hojas cada una, con persianas y otras hojas de madera que cerraban sobre las persianas. Estaban pintadas de blanco y se abrían diariamente de par en par, especialmente la que daba al patio de atrás. La otra, la que abría a la casa vecina, solía mantenerse entornada. Por las noches pasaban los pestillos, pero por las persianas entraba la brisa que venía de las montañas.

Ambas casas eran de dos pisos, la de Jayuya y la de Worcester, con ancho balcón al frente; aunque el balcón de Worcester sólo se utilizaba en el verano. Ella recuerda más el balcón de Jayuya, con las losas amarillas más brillosas del mundo y al borde la cenefa de diseños azules, amarillos y negros. Era en forma de L, con tres barandas blancas, mientras que el balcón delantero de Worcester era un simple rectángulo con dos barandas en el lado derecho de la fachada.

Cuando la vi por primera vez, trabajaba de recepcionista en una agencia de publicidad de San Juan. Tenía puesta una blusa amarilla con una falda negra. Pensé: qué bonita la combinación, qué bien le queda a esa muchacha, qué chic. Negro y amarillo siempre me han gustado; incluía una correa ancha de charol negro y zapatos de charol negro haciendo juego. Llamaba la atención. No se parecía a otras muchachas puertorriqueñas, pero tampoco parecía española, o cubana, o argentina. Americana ni soñarlo. Simplemente era distinta.

—Hola, ¿me acompañas para almorzar?

Ella decía que sí, o decía que no, dependiendo del volumen de trabajo y del emisor de la oferta. Se asombró bastante de que casi todos los que la invitaron fueran hombres casados. Los solteros eran más tímidos. O más indiferentes, o estaban a la defensiva. O eran maricones.

—Quédate hasta las ocho.

—¿Quieres pon a tu casa?

—Te traje un perfume de Saint Thomas.

—No tienes que venir mañana, si no quieres; cógete el día, preciosa.

—Mira, muñeca, ven acá, mira este story-board.

Se le pegaban. La asediaban. Le miraban las piernas y entre las piernas. Le miraban las tetas. Y ella sentía un calor tremendo a veces, especialmente cuando él la miraba, cuando la saludaba con un beso en la mejilla, cuando se le sentaba al lado a usar su teléfono porque él era así, entraba y salía de la oficina cuando quería y tenía un horario desordenado.

Pensó en Rita y en Maryann y pensó en la abuela y pensó en todos y en nadie en particular y se confundió tanto que cuando él la tumbó una noche entre las cámaras y los lega- jos de contratos no pudo defenderse, no quiso, se dejó arras- trar por el calor y el placer increíble de aquella boca y aquella piel. Gritó. Le dolió horriblemente. No sintió que el mundo se derrumbaba, pero quería más. Quería que le mirara los pechos debajo de la blusa, quería que le besara el sexo, quería abrirse para él todos los días y para siempre, recibirlo desnuda, cocinar desnuda, tenerlo dentro de ella lo más posible, meses, años, un siglo. Vente conmigo, dijo él. Y ella: ya no sé dónde empieza ni dónde termina el mundo. ¿Por qué todo se disuelve? No me canso de besarte, no apartes tus manos de mi cuerpo, no las apartes nunca, no puedo vivir sin tus manos, no puedo vivir sin tus brazos, me muero sin tu piel, me muero.

Y hacían el amor en la oficina: él le guiñaba un ojo para que se requedara o le asignaba un trabajo y ella se hume- decía de pensarlo, le temblaban las piernas y la ansiedad le destrozaba el apetito, no quería comer, ni dormir, sólo tocar- lo y abrazarlo. Se amaban sobre la alfombra de la oficina o parados, contra el escritorio. El le subía la falda despacito y eso la volvía loca.

En la oficina nunca se supo. Mejor dicho, se supo, porque para que prospere la sospecha sólo se necesita un apretón demasiado largo, una mirada furtiva. A mí me lo contaron como un secreto y luego añadieron: "La jefa también estaba enamorada de él".

Esto me dice quien me lo cuenta. Lo añade como quien no quiere la cosa. Y él le hacía cucasmonas a la dueña y obtenía privilegios y contratos. También tenía una novia metida en su apartamento del Condado: ésa era para lim- piar y cocinar, para tenerle la ropa presentable, para no tener que perder tiempo en ir al supermercado. Esa era la oficial. Que se supiera. Probablemente, en otras oficinas de publicidad o en los bufetes de abogados, en los permisos de

ARPE, en la escuela graduada de enfermeras del Centro Médico y en agencias de viaje y de modelaje, los pechos suspirarían al verlo, se aceleraría el ritmo del corazón, temblarían las manos de uñas largas pintadas al rojo vivo, algunas lágrimas serían enjugadas y en los baños se desatarían los sollozos, se dañaría el maquillaje, se arreglarían la mascara y el colorete y la base de Revlon.

No se equivocó su madre al bautizarlo Juan; le hacía honor al nombre. Usaba su virilidad como las mujeres trepadoras y oportunistas utilizan sus encantos: con frío cálculo. Pero con la ventaja de ser hombre, que significa que él movía las fichas del juego. Cuando las mujeres mueven las fichas no lo demuestran; la condición de poder hacerlo es ocultarlo.

Yo también conocí a Juan Carlos Urdaneta. ¿A qué mujer medianamente atractiva no le fajó Juan Carlos? La clave de su éxito no era su físico; era su inteligencia. Aunque el físico lo ayudaba: boca carnosa y sensual, ojos verdes enmarcados por largas pestañas, pecho ancho y velludo, manos y pies de príncipe, cinco pies diez pulgadas de estatura. Hasta el hecho de no ser demasiado alto lo favorecía. Pero la verdadera clave era que él sabía lo que las mujeres querían oír: les decía lo que ellas esperaban. No sé si había estudiado a las mujeres o si le venía natural. Creo que le venía natural. O que veía telenovelas y se copió de los galanes. O que fue criado por una madre dominante que lo consintió y se copió de ella. Al padre no lo conoció. Creo que en el fondo de Juan Carlos Urdaneta había una mujer y por eso entendía a las mujeres. A veces yo sentí, fugazmente, a esa mujer. Sabía cómo hacernos felices sexualmente. Sabía acariciarnos y penetrarnos de acuerdo al ritmo femenino. No había que guiarlo, ni detenerlo, ni darle instrucciones. Nos decía que éramos bellas. Nos decía que nos amaría para siempre. Era un alivio. Era un asombro. Era un sueño hecho realidad. Debe haber sido algo así el Casanova dieciochesco, pero ninguna mujer disfrutó de suficiente libertad para contarlo.

Juan Carlos Urdaneta se las traía. Era un experto juga-
dor de los juegos eróticos oficinescos, un campeón. Ella no
lo sabía porque acababa de llegar de Worcester y su tempra-
na infancia transcurrió en Jayuya. Se enamoró perdida-
mente.

Al desnudarla se detenía en sus senos largo rato, le iba
abriendo la blusa poco a poco, besándole cada pedacito de
piel que descubría, como si la blancura de sus senos lo fuera
emborrachando. Entonces le chupaba los pezones suavecito,
con delicadeza, como quien prueba una fruta rara y exótica.
Retrasaba lo más posible el penetrarla, esperaba a que ella
se lo pidiera, se lo rogara. Entonces lo hacía como distraído,
como quien no se da cuenta completa de lo que hace.

—Eres tan rica, chula...

Se lo decía al oído, quería que ella supiera lo que él
gozaba. Y ella, sobreexcitada, loca debido a sus caricias y
sus palabras, no podía controlarse y a veces se venía antes
que él. El la esperaba siempre; lo más que le gustaba era
venirse cuando ella comenzaba a gritar de placer.

Rita vino de Boston a visitar y se quedó con ella una
semana, en el apartamento del Viejo San Juan. Después
vendría Maryann. Y hasta Carol, la amiga que tuvo en High
School, vino una vez. Sus amigas eran amigas para
siempre; ella no era, al parecer, superficial y frívola; culti-
vaba la continuidad, la confidencia leal, el apoyo y la comprensión. Escuchaba más de lo que hablaba. Pero ahora, de
pronto, por primera vez en su vida, no podía dejar de hablar
de lo que sentía.

—Al principio no me importaba, Rita. Era que nunca me había sentido así, como explotando por dentro, como una inundación.

—Ajá.

—Pero no es el tamaño de su bicho lo más que me gusta, no, no es eso.

—¿Ah no? ¿Lo tiene chiquito?

—No, normal, como un plátano de grande.

—¡Eso es bastante grande!

—Bueno no, tal vez no tanto; ¡como una mazorca!

—Eso suena bien, ...y debe sentirse mejor.

—Pero no es eso, de veras, es la manera que me acaricia; lo disfruta, se lo goza, es maravilloso verlo gozar con mi cuerpo y que me lo diga.

—No me lo alabes tanto, que me siento tentada...

—Te mato. ¡Si te atreves te mato!

—Es de relajo chica, se ve que estás bien malita.

—Además, dice que es a mí a quien quiere, que a la otra no la quiere; sólo le tiene cariño.

—Vive con ella, mija.

—Pero no la quiere. Eso me dice. Ella lo cuida, dice.

—¿Sabe algo sobre ustedes?

—Yo no sé si lo sabe. Cuando entra a la oficina a buscarlo me mira raro, como si supiera, y me tira indirectas horribles.

—¿Indirectas?

—Cosas como: Te ves bien, pero ¿por qué no te pintas el pelo de rubio? Deberías recortarte de otra manera, mija, date un viaje a Italia. Eso.

—Tal vez lo hace sin malicia.

—Maldita, no, no puede ser. Debería morirse. Es mala, mala.

—Deberían morirse un montón de mujeres...

—Es una cabrona, Rita.

—Ajá.

Sus mejores amigas eran, extrañamente, mujeres preciosas. Quiero decir, mujeres con identidad de mujer bella, que cultivan la imagen, que la promueven. Maryann era una pelirroja de ojos verdes y Rita, de padres puertorriqueños como ella, tenía un tipo árabe de ojos almendrados. En Puerto Rico hizo amistad con una griega criada en Boston y casada con un profesor de la Universidad de Puerto Rico. Era alta y distinguida como una diosa ateniense y se llamaba Cristina. También tuvo una amiga abogada y puertorriqueña, casada con un médico norteamericano, y una amiga publicista y puertorriqueña casada con otro publicista puertorriqueño. Se movía en ese grupo de mujeres despampanantes.

Juan Carlos Urdaneta nunca quiso acompañarla a cenas o a fiestas en casa de sus amigas. Estaba demasiado ocupado. Le decía, simplemente, que la llamaría durante el fin de semana y pasaba, tal vez, el sábado por la tarde. Y hacían el amor durante varias horas. Ella le cocinaba, le daba masajes, le contaba cuentos, hacían planes para filmar películas que ganarían el primer premio en el Festival de Cannes. Después se iba a su casa; a veces a las diez, a las once de la noche.

—Juan Carlos, el domingo vamos a Jayuya, a casa de Tía Flor, sí, por favor mi amor.

—Tengo trabajo, linda.

—¿No quieres conocer a mi familia?

—Sí quiero, claro que quiero, la semana que viene.

La semana que viene tuvo que filmar un comercial, y la

semana próxima viajó a Nueva York. Ella lloraba mucho.

—Vamos al cine, amor.

—Ahora no puedo, me esperan a comer.

Lloraba en silencio. Se sentaba en un rincón de su apartamento del Viejo San Juan y se abrazaba a sus rodillas. Sentía un dolor abrasador en el estómago que se extendía hasta el bajo vientre: en el centro de su vida se consumían las ilusiones. No entendía, no podía entender a Juan Carlos Urdaneta.

—Hola, abuela, ¿cómo estás?

—Ahí tirando, nena, ¿y tú?

—Bien gracias, jalou, ¿me oyes?, ¿Hace frío?

—Ay sí, tú sabes cómo son los inviernos de Worcester.

—¿Y Papi?

—Con achaques, mijita, le ha salido diabetis.

—¡No me digas!, ¿por qué no me avisaste antes?

—No importa, si ya está bien, lo pusieron a dieta.

—Pobre papi, ¿puedo hablar con él?

—Sí mijita, te lo pongo enseguida.

Abuela Clara se dirige a la biblioteca donde Esteban Guarch intenta leer un libro titulado: Historia de Francia. Se ha quedado dormido en la butaca y la luz de la lámpara de pie baña un lado de su cara. El otro lado se hunde en los cojines floreados, de chinz. Abuela Clara lo contempla un momento abandonado al sueño sobrecogedor de la vejez y se le humedecen los ojos. Después sacude suavemente el brazo derecho de Esteban Guarch, quien despierta sobresaltado diciendo: Voy, ya voy; y luego se vuelve a dormir. Abuela Clara lo sacude nuevamente y esta vez pide perdón, como avergonzado, y se pone de pie. Camina hacia el teléfono más lentamente que de costumbre.

Ayer, en la oficina, pasó frente a mí. No se fijó en mi traje de lunares, ni en mis pantallas de plata. Iba corriendo, ¿qué será? Parecía enojado. ¿Habrá peleado con la novia esa?

—¿El señor Urdaneta? La tercera oficina a la izquierda, por favor.

Te odio, Juan Carlos, te odio. Me estoy cansando, ¿me oyes? No quiero compartirte con otras, no quiero.

—Sí señor, el señor Castelar lo recibirá enseguida.

Pero mi amor, ¿qué nos está pasando? Yo sé que tú me amas. Si esa mujer parece una lagartija, tiene la piel amarillenta y se pinta el pelo de rubio. Es repugnante, viste sin gracia, todo lo que se pone, aunque sea de Velasco, le queda mal. Y con esa nariz de cuarterona, con esos ojos de batracio; cuando camina por el bosque va montada en un sapo, va rodeada de culebras silbantes que reptan por los árboles, por las flores, por los helechos. Ese rostro es una máscara, detrás lo único que hay es un líquido oscuro y apestoso.

—Búscame la carpeta de Johnson and Johnson, muñeca.

La mano en su hombro la estremece. Si pudiera llorar, se dejaría arrastrar por el río de lágrimas. Pero no puede. Se queda inmóvil y Juan Carlos tiene que repetir, ahora con insistencia autoritaria, su petición.

La directora ejecutiva de la agencia la ha invitado a almorzar al Banker's Club. Han conversado sobre mercancías: modas, bebidas gaseosas, píldoras contraceptivas y películas. Ambas visten trajes sastre de hilo, blusas de seda y zapatos cerrados, de tacón mediano. Se ven guapísimas.

Los ejecutivos que intercambian opiniones y miles de dólares y planifican los destinos de la industria y la banca les dirigen miradas insistentes de cuando en cuando. Al ir a pagar, el camarero les informa que la cuenta ha sido saldada por un caballero que desea permanecer anónimo. La directora protesta, pero sus quejas no prosperan. El suceso genera cierta complicidad entre ellas, se ríen y comienzan a ser amigas. Semanas, meses después, la directora le hace confidencias sobre su vida amorosa esperando reciprocidad. Ella desconfía y no se equivoca, pues la directora, mientras finge ser su amiga del alma, se dedica a hablarle mal de ella a Juan Carlos.

Un judío sobreviviente de los campos de concentración nazi escribió una vez que la experiencia lo volvió pesimista porque comprobó que sobrevivían los peores: quiso decir los mentirosos, los astutos. Los inocentes sucumbían rápidamente en aquellas circunstancias adversas. ¿Quiere esto decir que la inocencia es un lujo? ¿Quiere esto decir que la inocencia es peligrosa?

—No te quiero ver más, Juan Carlos, ya no aguanto.

Y salía con Pedro Arrieta, salía con Alejandro, todos la invitaban al cine, a la playa, a comer en el Patio de Sam. Entonces Juan Carlos se ponía celoso y le daba vueltas y vueltas hasta que ella volvía a caer en sus redes. Lo amaba y no luchaba contra la desgracia. Abrigaba la esperanza estúpida de que Juan Carlos la amaba y que si ella persistía en su amor, él finalmente se iba a casar con ella. Y serían felices para siempre. Pero no se lo confesó a Clara Ríos, a la abuela que se había quedado perdida entre los árboles de Worcester en una casa abarrotada de recuerdos terribles.

Tía Marina es la única que me cuenta de Mami. Mami no llama a San Juan. Tía Marina la llama a Worcester. Yo quisiera hablar con Mami pero cuando estoy a punto de llamar entonces no llamo. Dice Tía Marina que Esmeralda está mejor que nunca, que está feliz.

Fue algo, por lo tanto, completamente inesperado.

—No puede ser, abuela, no puede ser.

—Pobre Esmeralda, ah...

—Azucena, ¿ya te enteraste? ¿Te llamaron de Worcester?

Los árboles se secan y se mueren si sus raíces tocan las vetas venenosas del corazón de la tierra.

En la selva más profunda de las montañas de Puerto Rico hay una flor de estambres pegajosos donde quedan atrapadas las mariposas.

La ola se aproxima a la tierra en sucesivos escalones de espuma. Viene a morir a la orilla, como las ballenas.

El aire, de repente, enrareció. La luz huyó en busca de su destino. Iba despavorida, escondiéndose detrás de los arbustos y en las cuevas de cal.

—Esmeralda se toca y no se siente, no se conoce.

—Abuela, ¿quién te dijo lo de Esmeralda?

—Ella me llamó, mija, ella misma me llamó. Hacía siete años que no nos hablábamos.

En el espejo empañado, mami, trazo tu rostro con mi dedo. Dibujo tus cejas perfectas y tu rostro de diosa. Dibujo tus labios y te pido silencio: shsh... Mami, shsh... no digas nada, por favor. Calla, no grites así, no grites así... yo me iría contigo a recorrer los caminos de la tierra. Iríamos descalzas, con una túnica blanca sobre nuestros blancos cuerpos y preguntaríamos por la estrella. ¿Dónde vive la estrella, dónde vive la estrella? iríamos cantando por los caminos de la tierra. Hasta que llegáramos al Gran Desierto.

Todo cambia. El dolor todo lo cambia, como si la casa que has comprado con el sudor de tu frente se derrumbara a tu alrededor; como si el huerto que has sembrado pacientemente fuera pisoteado por un ejército sanguinario; como si encontraras que el camino escogido te ha conducido hasta las fauces devoradoras de la Gran Bestia. La Gran Bestia es el espanto que no cesa, ese dolor, ese dolor...

Después todo es distinto.

Clara Ríos fue al entierro de su nieta. Esteban Guarch Leclerc, envejecido y achacoso pero conservando, aunque precariamente, la dignidad de su estirpe, también fue al entierro. Fue un gesto de nobleza y generosidad sin precedentes. Su alma templada por la extrañeza de vivir se purificó con este acto. De ahora en adelante sólo podría sonreír. Con dulzura, con tristeza, con cansancio. Y con asombro, claro, ¿por qué no? Con asombro.

Alrededor del pequeño féretro, colocado sobre unas tablas bajo las cuales asomaba una pequeña fosa, se congregaron los presentes. Enrique Vélez apretaba las mandíbulas: deformaba los surcos de su rostro, era una mueca horrible. De sus ojos enrojecidos fluían sin parar las lágrimas. Marina Rivera Ríos estaba junto a su hermana, abrazándola. Esmeralda Rivera Ríos era un espectro. No parecía encontrarse allí. Miraba hacia un punto desconocido. Era como si hubiera dejado atrás el fin y ya estuviera lejos, muy lejos, llegando al comienzo del misterio otra vez. La acompañaba en aquel momento, a su lado también, la segunda hija de su matrimonio con Esteban Guarch. Ella, la joven Guarch, llevó a los labios las manos de su madre y las besó tiernamente. La primera hija del matrimonio de Esmeralda Rivera Ríos y Esteban Guarch no se encontraba junto a sus familiares. Azucena Guarch Rivera había decidido que su itinerario profesional no le permitía estar junto a su madre y hermanos en ocasión tan trascendental.

Era una tarde lluviosa y fría de otoño y las hojas secas se amontonaban sobre las tumbas. Las lloviznas, diminutas y breves, apenas se sentían sobre la piel; una bruma blancuzca rodeaba la escena desdibujando las copas de los viejos árboles y el bosque de cruces. Las siluetas comenzaban a borrarse a veinte pasos de distancia. A cincuenta pasos, sin embargo, abría sus grandes alas un ángel gótico, de piedra gris, facciones delicadas, rizos sobre la frente y vestiduras de espesos pliegues y drapeados. La niebla caprichosa perdonaba a este ángel y en él se concentraba un haz de luz, como si se chupara la luminosidad de su entorno. Suavemente, sin prisa, tan natural como las hojas cayendo sobre sus espaldas, las grandes alas comenzaron a moverse, imperceptiblemente al principio y luego con más impulso, y las hojas rojizas, anaranjadas y moradas del otoño de Worcester se recogieron en remolinos apretados al adquirir las grandes alas el ritmo necesario para alzarse, suave, muy suavemente, como si ahora su piedra fuera tan sólo aire, perfume o ilusión, sobre las tumbas y la tierra y volando así, tan dulce y leve, detenerse un instante sobre el pequeño féretro e imperceptiblemente casi recoger aquella almita transparente y, acunada entre sus brazos, reconfortada y cálida, remontarse sobre el cortejo de dolientes, la humedad de la tierra, la niebla de los árboles, hacia las blancas nubes y el cielo infinito.

Detrás quedó el olor de su vuelo, el césped verde entre los mármoles y las figuras negras esculpidas en la retina del recuerdo.

Honrarás a tu padre y a tu madre. No matarás. No desearás la mujer de tu prójimo. Amarás a tu prójimo como a ti mismo:

Las palabras revoloteaban, como hojas secas, en la mente de Clara Ríos. Luego de dejar a Esteban Guarch en la casa que compartían, vacía desde que todos, menos el hijo menor, se hubieran ido, se dirigió a la Iglesia Católica de Worcester y se sentó en un banco justo delante del púlpito. Sacó de su cartera un rosario de plata viejo y gastado y comenzó a rezar. Recorrió varias veces los misterios gozosos y los dolorosos, los padrenuestros y las avemarías. En ese momento, el alma de Clara Ríos se encontraba agitada por vientos contrarios que la atravesaban de punta a punta. Sentía un dolor profundo por la muerte de la hija menor de su hija Esmeralda, pero también se alegraba. Castigo de Dios, castigo de Dios, le decía una voz, cavernosa y grave, retumbándole en las sienes. Y entonces sonreía para sí una horrible sonrisa durante la cual se le iban cayendo las cejas, las orejas, los párpados y los labios como a una inmunda leprosa bíblica. La satisfacción estaba allí, adentro de su corazón, con la frescura de una emoción joven en el alma de una mujer a quien el rencor había desgastado los sentimientos. Miró la cruz sobre el altar. Buscó un confesionario abierto, pero todos estaban cerrados. Pudo dirigirse a la sacristía a buscar un sacerdote, pero no lo hizo. El placer de aquel momento la embriagaba.

Durante el entierro yo abrazo a Mami y le beso las manos, le aparto el pelo de la frente, le doy sobos en la espalda. Quisiera que me mirara bien, que me viera, pero no me ve. Cuando la peinaba y la vestía con el traje negro de mangas largas que Abuela me dio, miraba a través de mí como si yo fuera de cristal. Ahora podría decirle, tal vez, que la amo. Ahora que no puede escucharme. En la capilla de la funeraria, donde celebraron la misa de difuntos, Abuela vino vestida de negro desde la cabeza hasta los pies. Estaba tensa, los músculos de la cara como anudados; parecía una máscara de metal. Se le humedecieron los ojos cuando abrazó a Mami porque Mami lloró con gemidos desgarradores. Habría que tener entrañas de piedra para no temblar al escuchar los gritos de Mami. Ahora Mami no llora. Pero tampoco habla y hay que sostenerla. Si Tía Marina no la aguantara, se desplomaría. Tiene los ojos muy abiertos: inmensos, luminosos. Está muy frágil. A veces, cuando la abrazo, me parece abrazar un vestido colgado de una percha.

La nena se murió de leucemia. Un día le salió una pelota en la cabeza, bajo los rizos rojos, y a los dos días, al operarla, descubrieron que tenía la sangre envenenada. Apenas puedo creerlo. Es una pesadilla de la cual debo estar a punto de despertar, porque no puedo más, me va a explotar la cabeza. Abuela está frente a nosotros, mirándonos desde el otro lado del ataúd. Yo mandé a hacer un corazón de orquídeas blancas, a nombre de Mami y mío, y lo colocaron junto al manto de lirios que mandó a hacer Enrique, a nombre de Mami y de él. Pobre Enrique, nunca había visto a un hombre sufrir así. Los hombres también sufren, es verdad, pero de manera distinta. Enrique sufre como una mujer, no cesa de llorar, solloza. Pero no necesita que alguien lo apoye; él solo se sostiene, con las manos enlazadas sobre el vientre, la cabeza ladeada, sin dejar de mirar hacia su hija muerta. Papi también sufre; en sus ojos, cuando me mira, veo ese amor tan grande que me tiene. Observo que mira a Mami y luego me mira a mí; todavía la quiere. La compadece. Le dará dinero. Será condescendiente y bondadoso siempre. Es su manera de querer; los hábitos de su cerebro, supongo. Juan Carlos no sufre de verdad. Cuando se enoja o se pone triste es porque quiere obtener algo, o porque se confunde. Ahora me doy cuenta.

—Aló, ¿quién es?

—Mamá, soy yo, no cuelgues.

Reconoció la voz y retuvo el aliento. Se aceleró su corazón.

—No cuelgues, por favor, quiero ser yo quien te lo diga.

Era una locura. ¿De dónde sacó fuerzas Esmeralda Rivera Ríos para llamar a su madre?

—Se me murió la nena, madre, se me murió.

Qué extraño que pudiera decirlo así: las palabras venían de lo más profundo de su vientre y salieron limpias e intactas. Clara Ríos sintió el golpe del dolor de la hija y tuvo que sentarse.

—Aló, Madre, dígame algo, no me cuelgues ahora, por favor.

Amor, rencor, dolor, odio, desesperación. Clara Ríos sólo pudo decir:

—Esmeralda, hija.

—Dígame que es esto, Madre, ¡dígame!

—Iré a verte enseguida. Y llamaré a Puerto Rico. Ya voy, hija, ya voy.

Pero no fue hasta que el cadáver estuvo en la funeraria. Primero llegó la segunda hija de Puerto Rico, primero llegó Marina.

Tuve que regresar a Puerto Rico a los dos días del entierro porque no podía ausentarme más tiempo del trabajo. Maryann y Rita vinieron a verme a casa de Papi y de Abuela Clara. Nos sentamos frente a la chimenea encendida a quemar algunos recuerdos. Yo estaba callada y casi no pude hablar. Me sentía muy triste por mi hermanita. Me hacía falta, era tan linda, me hacía tantas preguntas, le gustaban las muñecas y los cuentos de hadas, abuela Clara nunca la conoció y Papi tampoco, qué raro es todo esto, no me siento muy bien porque no entiendo por qué pasó lo que pasó. Abuela está muy rara. Quisiera que yo volviera a vivir en esta casa, lo sé, me lo dijo anoche como quien no quiere la cosa. Ya no puedo. Raúl también se fue. Sólo queda Carlitos; él sí se quedará. Carol trabaja en Washington. Es secretaria de un congresista y sabe un montón de chismes. Eso me cuenta Maryann. Me siento extraña aquí. Pero son mis amigas. Le dije a Raúl, en el entierro, que fuera hoy a ver a Mami. Vete a ver a Esmeralda todos los días, le dije. No sé si habrá ido esta tarde. Yo fui por la mañana, pero no hablaba. Mami no puede hablar. Enrique la baña, la viste y le da de comer. El pobre con lo triste que está y teniendo que cuidar a Mami. Ahora me arrepiento de haberlo odiado. Abuela lo odia; no puede ocultarlo. En el entierro no le habló. Y sin embargo, Papi no parece odiar a Enrique. Pero Papi a veces no sabe dónde está. Ayer creía que estábamos en Lajas. Me habló de la finca y de toda aquella tierra que iba a ser mía. No se acuerda que tuvo que venderla; ya no se acuerda.

Juan Carlos no la esperaba en el aeropuerto. Y eso que habló con él por teléfono para que estuviera, para que la

65

abrazara, para que le dijera que la amaba, para verlo, tocarlo, sentir que era importante estar vivo; reír, seguir andando. En el aeropuerto, esperándola, estaba Cristina, su amiga griega casada con el profesor. Mientras se abrazaban y lloraba de alivio buscó a Juan Carlos. No pudo venir, dijo Cristina al verla ansiosa por la espera, por la inquietud de buscar su rostro entre la muchedumbre. Estaba ocupado en una filmación, dijo Cristina; y añadió: Te llamará esta noche.

Cristina la llevó a su apartamento en el Viejo San Juan y se quedó con ella un buen rato, mientras desempacaba y hervían un té y ella le contaba algunas cosas, las posibles, lo que pudo. Llamaron las amigas, Pedro Arrieta y Rubén. Llamó la directora de la agencia a dar el pésame. Juan Carlos no llamó. Al otro día, al entrar a la oficina y verla allí con su carita triste y vestida de negro, debe haberse acordado. Fue directo a donde estaba y le dio el pésame de la manera más correcta. Ella sintió que el mundo se caía en pedazos, le daba sentimiento que la tratara así, eso dijo después cuando al fin la llamó y dijo que venía a verla y vino y la abrazó y la besó con fuerza y con deseo y la arrastró al sofá y le bajó los pantis y la hizo gritar y llorar e hicieron el amor con la ropa puesta, medio desnudos y medio vestidos, como salvajes o como monjas y monjes lujuriosos rodando por la alfombra de la sala, porque Juan Carlos sabía lo que ella necesitaba: él le leía la mente a las mujeres. O al menos, eso pensaba.

No sintió que había regresado hasta que Juan Carlos la abrazó y la besó. Y se sintió aliviada de volver, más cómoda en el aire apestoso a mar, a cerveza y a basura de San Juan; más cómoda con los mosquitos, con los aullidos de los gatos en celo y con el calor pegajoso. Le contó a Juan Carlos del dolor de Esmeralda; no le contó la devoción de Enrique. Le contó de su abuela Clara. Le había parecido dura. ¿Era que su abuela no sabía perdonar? ¿Pero, había que perdonar a Esmeralda? Le contó de su padre que perdonaba todo: Esteban Guarch era un alma especial. Juan Carlos la escuchó hablar largo rato y se quedó pensativo. Le acariciaba los cabellos negros y sedosos y le besaba las manos. Se puso, cosa rara, melancólico. Y ella, cosa rara para su estado emocional, se olvidó de ella misma, se preocupó por él y quiso consolarlo. El tenía demasiados problemas, dijo Juan Carlos. Sufría por no estar con ella todo el tiempo. Iba a dejar a la otra, pero le tenía pena a la rubia flaca que tanto se había sacrificado por él.

Azucena escribió una carta de pésame. Decía: Querida Esmeralda, siento mucho la muerte de tu hija. Yo la quería. De veras lo siento. Un abrazo, Azucena.

A los tres años de casada, Azucena da a luz un varón hermosísimo. Escribe a la hermana en Puerto Rico y a la Abuela Clara en Worcester y les manda fotos de su bebé. Dos años después da a luz una niña maravillosa y hace lo mismo. Azucena y Manuel, como ambos son médicos, tienen las oficinas una junto a la otra: comparten los gastos de secretaria y salón recibidor. Como son inteligentes, trabajadores y eficientes, logran una clientela estable. Además, trabajan en los hospitales del Estado. En la comunidad valenciana son considerados una pareja ejemplar. Son magníficos doctores, él ginecólogo y ella oftalmóloga. Disfrutan de una reputación profesional envidiable e intachable. Ganan mucho dinero y compran un apartamento en el sector antiguo de la ciudad, con vista a La Lonja y sus techos multicolores. Compran una casa de verano en Mallorca y para disfrutarla cierran la oficina dos meses: que trabajen en ella sustitutos cubanos, sustitutos argentinos. Los niños crecen sanos, son despiertos, graciosos, ingeniosos, traviesos. Azucena escribe todo esto en cartas apuradas; no tiene mucho tiempo para pensar.

Esmeralda, Esmeralda, vuelve a la realidad, mírame, bésame, te quiero, dice Enrique Vélez. Pero Esmeralda Rivera Ríos mira a su segundo marido y no lo ve. Cree que es un extraño y lo rechaza. Le dice que se vaya, que la deje llorar en paz.

Así transcurren varios meses hasta que Enrique Vélez no puede más. Se va, se muda de la casa porque no soporta el desprecio de Esmeralda. Ella no lo aguanta a su alrededor. Quiere estar sola, dice, lo repite todos los días. Enrique piensa que al verse sola lo llamará, lo hará regresar, volverá a decirle que lo ama, que es el único amor de su existencia, volverá a ser la mujer apasionada y loca que conoció, la mujer dormida que despertó a la vida, a la realidad de aquella pasión sin límites, aquella pasión que lo convirtió en su esclavo.

Pero pasan semanas y no lo llama. Pasan meses. Enrique le envía dinero. La visita cuando Esmeralda se lo permite. Se entera, porque Esmeralda se lo dice, que Esteban Guarch también le envía dinero para que no tenga que trabajar. Aunque ella trabaja vendiendo joyas en Sears. O en Penney's. O en Jordan Marsh. Trabaja cuando quiere, cuando se aburre. De cuando en cuando. Y Enrique Vélez se entera, al cabo de varios meses y porque Esmeralda misma se lo dice, que ella desea el divorcio, que ha conocido a otro, que se ha enamorado de otro hombre.

Enrique Vélez, con el corazón destrozado, regresa a

Puerto Rico y pone un restorán en Cabo Rojo, ubicado en las colinas de yerbas ondulantes entre el pueblo playero de La Parguera y la playa de El Combate. Sus especialidades serán ensalada de carrucho y asopao de langosta, pero se inventará unas pizas de camarones y sardinas que lo harán famoso en la parte oeste de la isla.

Esmeralda Rivera Ríos, divorciada dos veces, se enamora de un hombre diez años más joven que ella y vive con él sin casarse, abandonada sin remedio a la ilusión romántica, tomándola como cura, como asidero, como solución y consuelo. ¿Puede la ilusión romántica borrar las marcas de la vida? ¿Puede durar la ilusión romántica? ¿No impide que se fortalezca el carácter? ¿No impide la comprensión de la realidad propia y de los demás? ¿No es vivir como soñando despierta?

Esmeralda Rivera Ríos se entrega a la ilusión para saber quién es. Para ser ella misma, piensa. Porque todo lo demás está lejos de ella, fuera de ella, en los otros, en la muerte, en el dinero, en el gobierno y en la Historia.

Se llama Giancarlo y es italoamericano. Guía un camión y parece un artista de cine. El nombre le va bien. Es muy sexy. Siente hacia él un atractivo animal. ¿Marlon Brando en Street Car Named Desire? Esmeralda vio la película en televisión: blanco y negro. Era su modelo del deseo: un modelo hollywoodense. Cuando ve a Giancarlo, es como si la halaran hacia el fondo del mar. Dicen que los cocodrilos matan a sus víctimas arrastrándolas al fondo de los ríos y los pantanos; mueren ahogadas. Giancarlo la atrapa y la hunde. Con Enrique no fue así. Por Enrique sintió una ternura que le llenaba el pecho. Quería volar como las gaviotas y se le humedecían los ojos al pensar en él.

Qué loca es la vida, qué loca. Eso no lo piensa Esmeralda,

no podría. Lo pienso yo, la narradora de esta historia. Al ir más allá de los esquemas de comportamiento que proporciona la cultura, todo se vuelve confuso y, paradójicamente, se entiende mejor. Los hijos no tendrían que heredar las culpas de los padres, aunque lo dijeran los dramaturgos griegos. A pesar de Sófocles, a pesar de Esquilo. Y sin embargo las heredan: así lo determina la cultura, como si reprodujera las leyes genéticas. Distinguimos entre el deseo sexual y el amor. ¿Quiénes hicieron la distinción? ¿Los hombres o las mujeres? ¿Es que existía el amor romántico en la prehistoria? Al parecer, las condiciones no eran propicias. Pero nuestra cultura predica la felicidad tomando como base el amor romántico. En este caso el modelo no copia a la naturaleza. Es un invento histórico. ¡Somos tan inconstantes! Otros inventos históricos son: los zapatos, la ropa, la casa, el dinero, la familia. Si despojamos a la persona humana de sus interminables ocurrencias—somos víctimas de nuestra imaginación e hijos del pecado de la soberbia—sólo nos queda sobrevivir, comer, dormir, multiplicarnos. Lo demás es accesorio, un laberinto de la soledad: vericuetos y trampas, cortinas de humo.

Hasta cierto punto, Cristina era su mejor amiga. Y no sólo porque siempre la iba a buscar al aeropuerto, y estaba disponible para ella, sino porque se apoyaban mutuamente, tanto en momentos de crisis como en las rutinas cotidianas, así en la paz como en la guerra. Cristina vivía en la urbanización Dos Pinos de Río Piedras porque estaba casada con un profesor de arquitectura de la Universidad de Puerto Rico. Dije que había nacido en Boston y su padre era griego, emigrante de una isla de riscos y rocas coronada de gaviotas y monasterios. Sólo los burros podían subir por las escarpadas laderas. Sobre las torres blancas construidas por los monjes brillaba el cielo terriblemente azul de Grecia; y abajo, junto al proceloso mar, las aldeas de pescadores se apeñuscaban en las costas de piedra. Nikos Skavropulos emigró porque la isla lo asfixiaba, pero transmitió a sus hijos una nostalgia por las islas egeas que nunca pudo vencer. Lo persiguió hasta su muerte a pesar de que en Boston le fue bien, ya que había heredado, por el lado de los tíos maternos, los conocimientos artesanales que hicieron posible los gloriosos mosaicos bizantinos. Como artesano especializado en restaurar iglesias y lujosos hoteles, el sobrino de los descendientes de los pintores bizantinos ascendió a la clase media de Norteamérica dorando techos y pintando guirnaldas.

Cristina, la mayor de cuatro hijos, heredó las destrezas artísticas del padre y la ancestral sabiduría de las diosas paganas. Al conocer al cialeño Arnaldo Sánchez, mientras éste estudiaba arquitectura en Harvard, creyó encontrar un eco a sus instintos, a una especie de tristeza histórica que jamás logró explicarse. De esta manera regresó a otra isla y comenzó su historia. Cristina conoció a la segunda hija de Esmeralda Rivera Ríos en una fiesta en San Juan y fue durante años su confidente más solidaria.

¿Qué tenían en común estas mujeres de vidas tan dispares, casi opuestas, creo, ya que una nació en un barrio suburbano de Boston y la otra en Jayuya? ¿Fue el profundo amor al padre que ambas sentían? ¿Fue la imposibilidad de hacer suya totalmente la cultura norteamericana? ¿Fue la coincidencia de identidades híbridas? Pero a Cristina los suegros y los puertorriqueños en general la trataron como a una reina precisamente porque era norteamericana. A Cristina le encantaba Puerto Rico. ¿A quién no le gusta que lo traten como a un ser superior?

Por razones desconocidas, Cristina comprendía a la hija de Esmeralda Rivera Ríos. Quiso protegerla y ayudarla porque la comprendía. Estaba casada con un intelectual y disfrutó de los privilegios de la comunidad universitaria durante los años de Jaime Benítez: un cosmopolitismo provinciano era aquello: profesores húngaros y polacos, refu-

71

giados de la Segunda Guerra Mundial, refugiados españoles de la Guerra Civil y perspectivas antropológicas. ¿Harvard en Puerto Rico? Era el modelo, la utopía. Cristina se movía como pez en el agua en aquel mundo fantasmagórico. Pero cuando conoció a la segunda hija de Esmeralda Rivera Ríos se identificó con ella de inmediato. Debió ser el recuerdo de los otoños de Massachussetts, algunas imágenes claves. Pudo ser que Cristina quiso nacer donde ella nació y a la inversa; tal vez la segunda hija de Esmeralda Ríos hubiera querido nacer en Boston; aunque ambas padecían una misma afición por las montañas de Puerto Rico. ¿Será que la amistad entre mujeres puede ser un proyecto narcisista? ¿Habrá, en algunos casos, un espejeo de identidades cruzadas?

Cuando comenzó sus estudios en la Academia de Artes Plásticas del Boston Museum of Fine Arts, Cristina ya era experta en dorar techos y moldear cariátidas, frutas y guirnaldas de yeso, porque todos los veranos acompañaba a su padre para ayudarlo en los trabajos de las iglesias y los hoteles de Massachussetts. Terminaba de copiar los bustos de Afrodita antes que sus compañeros y entre tareas asignadas dibujaba ángeles de alas con plumas de avestruz, cachetes gordos y penes diminutos.

—El molde se hace así, ¿ves?

—Sí, papi.

Y sus manos se fueron acostumbrando a las curvas de las molduras y a sentir los dedos pegajosos. Se trepaba a los andamios con su padre y no le daba miedo.

Tampoco sintió miedo cuando Arnaldo Sánchez la enamoró; él la hizo sentir que era la mujer más bella que había conocido y eso la sedujo. Y le gustó su gran bigote de hacendado, que parecía un bigote de marino griego; le gustaron sus camisas blanquísimas, su seriedad, su mirada de niño un poco confundido. Nunca le habían dicho que era hermosa. Cristina era muy alta, de talle fino y senos bien formados, pero tenía las piernas y los brazos demasiado gordos para los cánones estéticos de Beacon Hill, era demasiado culona. No se parecía a Doris Day. Ella hubiera querido ser rubia de ojos azules, como su madre y su hermana. En Boston se creía fea porque no se parecía a los modelos de belleza que enarbolaba la sociedad. En Puerto Rico, de pronto, todo lo que estaba mal allá, estaba bien acá. Sus piernas gordas eran alabadas, su piel blanca y su pelo lacio eran muy apreciadas dotes, y su culo ni hablar, que a los hombres puertorriqueños las grandes nalgas los enchulan; como moscas tras la miel. Y eso lo sé por experiencia propia.

—Los pantalones cortos te quedan bien. Pero no te los pongas para salir a la calle, ni para el colmado. Son para la casa y la playa.

—Entiendo, Arnaldo, como tú digas.

No le molestaba que Arnaldo la celara ni la mandara; al contrario, eso significaba que la quería.

Es posible que la comunicación emocional entre Cristina y mi personaje se debiera, efectivamente, al amor hacia el padre que ambas sintieron. Las mujeres que han conocido esta estrecha comunicación entre padre e hija parecen reconocerse hasta en medio de una muchedumbre.

Esmeralda llama por teléfono a Clara Ríos, su madre:

—Aló, madre...

Clara Ríos reconoce la voz de su segunda hija. No responde. No sabe si responder.

—Madre, hábleme, por favor. ¿Cómo está? Quiero darle las gracias a Esteban por enviarme dinero. De veras se lo agradezco.

—¿Quieres hablar con él?

—No, madre, no puedo. Dígaselo usted.

—¿Cómo has estado, hija?

La voz se le ha suavizado. No ha logrado evitarlo.

—Regular, madre, ya ve lo que es la vida.

Tal vez podamos vernos algún día, piensa Esmeralda. Y la madre, a pesar de su orgullo, piensa lo mismo.

Sentada al borde de la cama de su hijita, Esmeralda piensa: La nena murió hace dos años, hoy se cumplen, no parece verdad, debe ser una pesadilla, ya basta, Dios, no quiero dormir más, déjame despertar, por favor, por favor, devuélveme a mi hija. El cuarto está igual que antes. La preciosa ropita de la nena cuelga lavada y planchada en las perchas del closet. Los muebles son estilo francés: el gavetero, la mesa de noche, la cama, dos sillas, el pequeño tocador; no tienen ni gota de polvo y la colcha es tejida a mano, color perla con flores colorrosa y hojitas verdes; la tejió Esmeralda cuando su hija cumplió dos años. Esmeralda la toca con la palma de su mano derecha, siente las puntadas y los pétalos en relieve. Quisiera frotar la colcha y que apareciera un mago poderoso: entonces pediría un deseo: pedirlo, pedirlo...

Recién llegada a Worcester, Esmeralda estaba asustada. No sabía a dónde ir si quería salir de paseo. Salía con Esteban, Clara Ríos y los niños para ir al parque. Fueron al cine algunas veces. Al principio Marina estaba en la casa y se iban juntas a comprar cosméticos y ropa. Eran los mejores ratos y siempre le pedían permiso a Clara Ríos a ver si se podía. Cuando compraban zapatos se divertían mucho porque se medían veinte pares cada una. A Esmeralda le encantaban los zapatos y llegó a tener cuarenta pares. Esteban Guarch le daba todo el dinero que pedía, le daba mucho más. Quería que Esmeralda tuviera ropa bonita, que se divirtiera siendo bella; no quería que Esmeralda se privara de cosa alguna.

Cuando Marina se fue, Esmeralda cobró valor y salió sola. Se le empezó a borrar el miedo.

—¿Y dónde está Esmeralda, abuela?

—Yo qué sé, mijita.

—Papi me dijo que te preguntara.

—Mejor ayúdame a ordenar estas gavetas, ¿quieres?

Esmeralda se sentaba en el parque a mirar pasar la gente. Se le iban los ojos detrás de los novios; especialmente si caminaban besándose. Tomaba un taxi para regresar a la casa. Pensando en ellos, recordaba mentalmente la intensidad de los abrazos, las bocas juntas una y otra vez.

A veces acompañaba a Clara Ríos a comprar lo que se necesitaba en la cocina y ambas llevaban a las niñas a comprar ropa para que escogieran ellas, porque Azucena protestaba que no le gustaba lo que la Abuela le escogía. Esmeralda empezó a escoger sus propios vestidos y zapatos siguiendo el ejemplo de Azucena. Toda la ropa de Esteban Guarch la compraba Clara Ríos; hasta las chinelas.

La última película que Esmeralda Rivera Ríos vio en Puerto Rico fue *Sayonara*. Esteban Guarch había insistido en llevar a toda la familia porque dijo que se habían copiado de una ópera muy bonita que él había visto en Europa. Todas las mujeres lloraron porque la chinita se quedó sola al final. Les gustaron los trajes tubos de seda abiertos hasta el muslo y Marlon Brando. Esteban Guarch se rió de las mujeres y de las niñas, por lloronas, y los varones pensaron que la película era una porquería. Deben haberse quedado dormidos, porque eran chiquititos todavía.

Años después, cuando ya iba sola al cine, Esmeralda vio otra película de Marlon Brando. Se titulaba *Mutiny on the Bounty* y se rió mucho de los afanes del capitán por los arbolitos de pana. Ella los reconoció enseguida porque su infancia había transcurrido entre árboles de pana: corría descalza debajo de las bóvedas verdes, de hojas anchas y ásperas, y mató muchas hambres con aquellos pedazos amarillentos de sabor dulzón.

En el patio de la casa de Worcester había muchos árboles, pero nada que produjeran se podía comer. En mayo florecían las magnolias: dos árboles de copa ancha y grueso tronco que quedaban frente a la fachada principal. Todo el invierno estaban silenciosos, pelados; parecería que se habían convertido en piedra. Al regresar del sur los primeros pájaros, los nudos de las ramas se hinchaban y el día menos pensado estallaban en flores grandes y rosadas, pétalos puntiagudos y duros como de cera. Árboles de lotos: pensó Esmeralda al verlos la primera vez: cuajados de capullos recién abiertos y sin una sola hoja. Entonces los árboles se poblaban de pájaros y abejas y hacían sonreír a todo el mundo. Las flores les duraban mucho tiempo: casi un mes. Esmeralda se sentaba en el balcón delantero, varias veces al día, para mirarlos. En alguna ocasión debe sentir nostalgia por las jaldas de Jayuya, pero no llega a concretarse en deseo. Nunca quiso regresar a Puerto Rico:

ni cuando murió su padre: ni cuando en el paroxismo de la pasión amorosa Enrique Vélez lo sugirió: el pasado y sus espacios le olían a encierro: debe haber sido eso.

El siguiente verano Azucena y Manuel vinieron a Worcester para que Papi conociera a los niños. Yo por supuesto cogí vacaciones porque quería verlos y para ayudar a Abuela que ya estaba muy vieja para hacerse cargo de una casona llena de niños. Una casa sin niños no es una casa, le oí decir a alguien alguna vez. Una casa sin piano no es una casa, le oí decir a un amigo mío que ama la música sobre todas las cosas. El primer mandamiento de la Santa Madre Iglesia lo entiende a su manera. Pienso que las voces infantiles son la música espontánea de la raza humana. Los niños hablan todo el tiempo; ríen, gritan y lloran. Suben y bajan escaleras, juegan al esconder, una casa para ellos es un espacio mágico donde cabe el mundo entero: debajo de una mesa hay un castillo. Los habitantes de una casa organizan la vida alrededor de ellos: hay que vestirlos y bañarlos, alimentarlos y distraerlos y quererlos mucho. Son los dioses: tan caprichosos como ellos; tan exigentes. Yo sabía estas cosas porque siempre viví en una casa llena de niños y de familiares. Pero no me había dado cuenta, porque yo era dios. Ahora, al crecer, he pasado a ser servidora. A mucha gente no le gusta que sea así y por eso no les gustan los niños. Yo entiendo que así es la vida, que así tiene que ser: como Abuela, eso es. Esmeralda nunca ha entendido. Tal vez por eso es diferente y tal vez por eso la odio.

Me he enamorado de mis sobrinos. Me siento a jugar con Adelita y Juan Manuel, tan ricos. Me hacen muchas preguntas y los llevo al parque, al zoológico y al cine. Dicen que Adelita se parece a mí y debe ser verdad porque es idéntica a una foto mía a esa edad. Se parece más a mí que a su madre, aunque tiene el carácter fuerte y voluntarioso de

Azucena, qué bueno, Azucena siempre ha sabido obtener lo que quiere. Adelita saldrá adelante en la vida. Será feliz. Es inteligente como Azucena: todo lo comenta, todo lo entiende: parlanchina y picoreta, dice Abuela Clara con sus palabras de antes. Papi está enchulado de Adelita: hace de él lo que quiere. Qué misterio tan grande es el amor entre los viejos y los niños: se entienden y conversan de otra manera.

—Adelita, deja tranquilo a tu abuelo.

Esteban Guarch, tembloroso y frágil, camina con dificultad. Adelita se abraza a sus piernas y la segunda hija teme por el padre.

—No me molesta, hija, no me molesta.

Y mira a su hija con aquel amor que ella nunca podrá olvidar. Ni sustituir. Está casi ciego. Ya ha tenido dos operaciones de cataratas. Ya no le brillan los ojos azules como el cielo de Lajas. Pero todavía, a pesar de la bruma, ella siente la luz de su amor tocarla. Aunque no es como antes: aquel resplandor, aquella energía emocional que la inundaba. Y sabe que se está yendo, que ha comenzado el viaje sin regreso. Y le agradece a Adelita que lo retenga un rato.

—Ve con abuelo, amor, ve al balcón.

Adelita, pequeña y fuerte, ayuda al abuelo a sentarse en un sillón. Le cubre las rodillas con una manta y le abraza las piernas. Esteban Guarch sonríe y empieza a hablar. Le cuenta de su infancia en el Valle de Lajas y la segunda hija se esconde detrás de una puerta a escuchar unos cuentos que nunca ha escuchado, cuentos de un tiempo antiguo cuando la vida transcurría al ritmo del crecimiento de las cosechas. Y siente celos de Adelita. Creo que sintió celos. No puedo imaginármelo así porque sí.

El varón, Juan Manuel, se parece en el carácter a la segunda hija de Esteban Guarch: dulce y suavecito. Tiene unos ojos negros profundos y melancólicos y le gusta sembrar. En el patio de atrás ya sembró habichuelas porque nacen muy pronto y va todos los días a ver las espiguitas subir. Les echa agua. También le gustan los animales y tuvieron que comprarle un par de conejos a los dos días de llegar. Después le compraron dos periquitos y para que no siguiera pidiendo le compraron un perro a ver si se tranquilizaba. Escogió un "cocker-spaniel" rubio que le lamía toda la cara. El perro era un bebito, claro, y lo metía en la cama a dormir con él. A los hijos de Esteban Guarch nunca les habían permitido perros dentro de la casa. Pero los nietos era otra cosa. Clara Ríos, la disciplinaria, ahora les permitía casi todo mientras Azucena quería descansar e irse sola con su marido a Boston y a Nueva York.

Azucena no quiso ir a ver a Esmeralda. Cuando supo que vivía con ese tipo lindo dijo que no, que le daba vergüenza. A mí también me da vergüenza, pero fui a llevarle los niños, para que conociera a sus nietos. La encontré desmejorada, con ojeras debajo de los ojos y más gruesa. En vez de rejuvenecer con el amor de un hombre joven, se había puesto vieja. No ocultaba las canas que comenzaban a pintar de plata sus sienes. Su rostro ovalado y perfecto era aún, sin embargo, de una belleza sobrecogedora. Más hermoso que nunca, tal vez. No usaba maquillaje y su piel tenía todavía aquella luz inverosímil que enloquecía a los hombres. De sus orejas colgaban las pantallas de oro calado que usaba en su primera juventud. Vestía de blanco, muy sencilla, con sandalias doradas y blancas muy finas. Tenía los ojos más pequeños, eso noté. Como si la mirada se le hubiera hundido. Pero me abrazó con el amor de siempre porque aunque yo la odiara siempre supe que ella me quería.

Miró a Juan Manuel y a Adelita largo rato mientras les ofrecía galletitas hechas por ella, de chocolate y almendras, y bizcochos de manzana y nueces hechos por ella también. Los niños comieron tranquilamente y hablaron sin parar de la abuela en Valencia, de los conejos y de los muñequitos de televisión americanos que dijeron les gustaban más que los españoles.

Al cabo de un rato vi que Esmeralda se estaba riendo mucho y me alegré de haberlos traído. Al final les preparó jugo de china fresco y les pidió que volvieran. Adelita se le colgó del cuello al despedirse y le dijo Abuelita con los ojos más grandes y asombrados que yo le había visto. Era más expresiva y zalamera que Juan Manuel, pero él también le dio un fuerte abrazo a lo machito rudo, a lo español. De vuelta a casa hablaron de la abuela y Juan Manuel me dijo que era más linda que nadie. Pensé que a él no le molestaba la belleza de Esmeralda y me sentí rara. Esa tarde también me enteré, porque mami me lo dijo, que Abuela Clara había estado a verla. A mí Abuela no me lo había dicho, de modo que no se lo comenté.

Aquel verano en Worcester volví a llevar los niños dos o tres veces a casa de Esmeralda. Fueron veladas muy alegres: tardes llenas de sol y risas y obsequios delicadísimos. Esmeralda le regaló a Adelita una muñeca vestida de bailarina, con tutú de tul y pantallitas de perlas verdaderas. Iría hasta Boston a comprarla. A Juan Manuel le regaló una cámara y él se pasó el resto del verano tomándole fotos hasta a las habichuelas. Comenzó a disparar el aparato enseguida que lo tuvo entre sus manos; aquella misma tarde inauguró la cámara retratándonos a Esmeralda, a Adelita y a mí. El también salió, haciendo morisquetas porque Esmeralda quiso tomarle varias fotos para enseñarle cómo se hacía. Todavía conservo algunas.

Foto #1:

Adelita en mi falda. Llevo un traje estampado de rayón, marca francesa, que todavía me encanta. Adelita tiene puesto un trajecito de rayas azules y blancas. El cuello y las mangas son de encaje de algodón. Se nota mucho el parecido.

Foto #2

Juan Manuel y Adelita. Tomados de la mano al lado del florero. Parecen dos muñecos. Es mi foto preferida.

Foto #3

Juan Manuel y Adelita comiendo bizcocho de chocolate. Esmeralda lo sirvió con helado de vainilla. Están todos embarrados: las manos, la cara y la ropa. Están muertos de risa.

Foto #4

Esmeralda mirando a la cámara. Sonríe un poco. La foto está movida y virada. La tomó Juan Manuel. Su primera foto. Por eso la guardo.

Foto #5

Esmeralda y yo. Todo el mundo dice que me parezco a ella. No estoy de acuerdo. Yo estoy mirando a la cámara y ella me mira a mí. Ese día Esmeralda tenía puesto un traje de hilo, color café. Se veía muy elegante aun sin maquillaje. De sus orejas cuelgan unas lágrimas de rubíes que heredó de la Abuela Marialuisa, montadas en oro con perlitas incrustadas. La foto, extrañamente, no está fuera de foco, aunque estamos viradas, como a punto de caernos del sofá. La tomó Juan Manuel. Por eso no la he hecho pedazos.

Foto #6

Adelita y Juan Manuel abrazan a Esmeralda. Le dan tremendos besos en las mejillas. La tomé yo y le mandé una copia a Esmeralda que ella hizo ampliar y enmarcó y puso en la sala de su apartamento sobre una mesa, al lado de una foto de Azucena y yo cuando éramos niñas.

Las demás fotos tomadas por Juan Manuel tuve que bo-
tarlas.

Aquel verano fue especial. Aprendí a encargarme de una
casa con niños, viejos, adultos y sirvientes y me gustó.
Contratamos a dos mujeres por un mes: eran puerto-
rriqueñas bien pobres, del barrio cerca de la Universidad
de Clark. Fue necesario, porque se cocinaba una comida
completa dos veces al día y había que lavar montones de
ropa, además de las sábanas y toallas, mahones y camisas
de Papi y de Manuel: era tremendo lío. También Raulito
vino una semana. Se había casado con una divorciada,
madre de dos niños, y como vinieron todos, el trabajo de la
casa nunca terminaba. Pero Abuela Clara, que se sentía
joven porque de nuevo dirigía una casa llena de voces, me
ayudó todo el tiempo. Yo era más bien su mano derecha,
aunque me hacía creer que yo dirigía la orquesta. Carlitos,
mi hermano menor, también ayudaba. Casi no lo menciono
porque Carlitos no habla. Es sordomudo dicen que y porque
Papi ya era muy viejo cuando lo engendró, pero Manuel y
Azucena se ríen de esas opiniones porque no son científicas
y como ellos son doctores se ríen de las supercherías de la
gente común y corriente.

Aquel verano fue una ilusión: como volver al principio,
recobrar olores perdidos, desempolvar juegos y reinventar
el mundo.

Cuando volví a San Juan todo había cambiado.

Llamó a Juan Carlos para decirle que volvía, que la fuera
a buscar, al menos esta vez, al aeropuerto. Pero en su apartamento no contestaron el teléfono. Entonces llamó a la

oficina y le dejó mensaje: que llegaba a las ocho de la noche del sábado, que la llamara a Worcester. Se moría por verlo. Había hablado con él dos o tres veces desde Worcester. Le había escrito tarjetas postales y largas cartas. El no le había contestado porque estaba filmando comerciales en San Thomas y Martinica. También debe haber filmado en San Martín comerciales de mujeres en tanga bebiendo ron o buceando para encontrar un vaso de piña colada entre los cuernos de un coral.

Juan Carlos no le devolvió la llamada y fue Cristina, de nuevo, quien la esperó pacientemente en el aeropuerto de Isla Verde. Esta vez, al volver, se sintió intranquila, con pena por dejar a su padre ya tan viejo en aquella casona vacía, con pena por haber despedido a los sobrinos que volaban a España aquella misma tarde. Le prometieron venir a Puerto Rico el año próximo: qué ilusión, qué alegría. Qué lástima que terminara aquel verano.

Cristina estaba callada y como que no quería mirarla a los ojos. La abrazó, la ayudó con las maletas que eran muchas, muchísimas, además de los paquetes de regalos porque traía regalos para media oficina, las amigas y los parientes de Jayuya y de Lajas. Fue a buscar el carro, un Honda gris, y tuvieron suerte que fuera un "hatch-back" porque de otra manera no hubieran cabido. Después de atosigar el Honda se desplomaron en el asiento delantero y estuvieron riéndose varios minutos. También fue una suerte que se rieran, porque Cristina no sabía cómo decírselo:

—Juan Carlos se casó.

Se lo dijo al fin. Sin preámbulos, sin amortiguadores. No pudo hacer otra cosa. Tuvo que anticiparse a la pregunta porque no quería sucumbir a la tentación de la mentira. A sangre fría tuvo que ser.

—¿Qué dices? ¿Qué?

Como era natural, no podía creerlo.

Empezó a temblar. Cristina tuvo que detener el carro y abrazarla. La abrazó fuerte y siguió temblando, los ojos

83

secos bien abiertos, las manos heladas. Al fin pudo llorar mientras Cristina le contaba que una primera novia de Juan Carlos había regresado de París y que, según parecía, nunca la había olvidado porque a las dos semanas se casaron, sin pensarlo dos veces, sin titubear.

Sintió un dolor terrible, devastador, punzante; se le quemaba el alma, se le congelaba la sangre, llagada de pies y manos subía por una ladera erizada de espinas. Y lloró varios días, auxiliada por las amigas y parientes que supieron respetar su tristeza y su necesidad de estar sola. Renunció a la Agencia. A los dos días de saberlo. Para no verlo más. Y envió los regalos. Que los quería a todos, dijo. Ya iría de visita alguna vez. Los regalos de Juan Carlos, inexplicablemente, los guardó en la maleta.

Quiso volver a Worcester. A su padre, a su abuela, a su madre tal vez. A no saber lo que sabía. Que la cuidaran, por favor, que la quisieran.

También quiso morirse.

Se fue a Jayuya dos semanas. A casa de Tía Flor. Durmió, soñó sueños terribles, despertó sobresaltada, le faltó el aire, gritó y fue consolada por Tía Flor, por Tía Marina y Tío Carlos. Tomó sopa de calabaza, comió tostones de pana y comió piñón, ensalada de berros y papaya madura. El primer domingo fueron a almorzar al Parador Gripiñas, la antigua hacienda de café de la familia Sastre. Se meció en una hamaca del balcón y a través de los árboles contempló las montañas cargadas de nubes blancas. Se tiró en la piscina y el agua helada le hizo bien. Paseó por la veredas del bosque de cafetos y helechos arborescentes.

Otro día caminó por el pueblo y otra vez subió las escaleras hacia el Monumento del Indio y se sentó a admirar la estatua de Nemesio Canales en la plaza. Era lindo aquel bronce como mullido, los botones y los ojales se veían tan blandos, los sentía blandos aunque sabía que eran durísimos; no pudo evitar tocar el bronce para asegurarse. Después estuvo largo rato mirando la casa de la plaza, su casa blanca con helechos y miramelindas en el balcón, únicamente suya ahora ya para siempre, con macetas de flores azules, las Isabel Segunda de su infancia, de eso estaba segura. Vio a su madre subir las escaleras del balcón. Vestía un traje de rayón blanco estampado con florecitas violeta y con hombreras. El cabello lo llevaba recogido con dos rollos sobre las sienes y sobre el cuello le caía una melena corta. De las orejas le colgaban unos aretes de oro calado. Al llegar al último peldaño se encuentra con José Rubén Rivera, quien la esperaba hacía rato en un sofá de mimbre. Entonces padre e hija se sientan a hablar en el sofá como si fueran novios. Adentro de la casa, Clara Ríos recoje las habitaciones y da instrucciones a las sirvientas. Viste a Azucena con un traje colorrosa y sonríe. La menor, que ya tiene puesto su traje de organdí, corre a buscar a su papá y lo encuentra en la biblioteca leyendo. Esteban Guarch la sienta en su falda mientras le explica las láminas de un libro.

Luego de varias semanas en Jayuya se sintió mejor. Se sintió mejor que antes porque era un alivio quitarse de encima un amor agujereado por la incertidumbre. Pero también se sintió vacía. Y su padre le hizo mucha falta.

Seguiría sintiéndose vacía durante muchos años. Era como atravesar un palacio de habitaciones sin mobiliario; iba abriendo las puertas y cada cuarto era igualmente oscuro y desnudo, monótono y predecible. Ignoraba por qué continuaba abriendo las puertas y con qué propósito se encontraba en aquel lugar.

Obtuvo otro empleo con facilidad y al cabo de un tiempo la designaron ejecutiva de ventas y publicidad de una tienda por departamentos. Los amigos y amigas continuaron llamándola. Dije que se preocupaba por los demás, que todo el mundo la quería. Yo nunca la vi sola. A La Bombonera solía entrar rodeada de amigos. Su casa estaba siempre llena de gente; también lo dije. Pero se sentía sola. Peor aún: vivía sin objetivo, sin dirección precisa.

Cuando el recuerdo de Juan Carlos la acechaba, le ardía el corazón. Mientras duró el dolor, no era tan malo. Pero una mañana se encontró con Juan Carlos en San Juan: caminando frente a González Padín. Era sábado y había bajado hasta la plaza a comprar una crema limpiadora. El la invitó a un café después de saludarla como si nada y ella no pudo hablar del susto. Dijo que no con la cabeza y se alejó corriendo, bebiéndose las lágrimas cuesta arriba y cuesta abajo hasta la almohada de su cama, donde lloró hasta dormirse sin contestar el teléfono ni prender el televisor ni darse cuenta de que había anochecido y Cristina le gritaba desde la puerta, preocupada, preocupadísima.

A los dos días Juan Carlos se presentó de visita. Y como había otros amigos en la sala, tuvo que abrirle, por vergüenza. Más vergüenza le dio cuando volvió al otro día y al encontrarla sola intentó abrazarla como si nada hubiera pasado.

Entonces el dolor de la ausencia se convirtió en el dolor de verlo tal cual era: sin los efectos mágicos de la ilusión. Y le dolió mas todavía. Y quiso despreciarlo. Y lo compadeció. Y siguió amándolo. La vida se encargaba de señalarle que carecía de sentido.

A la mañana siguiente, para regresar al trabajo y rendir la labor excelente y eficiente que se exigía a sí misma, tuvo que pensar en los sobrinos.

—Yo no lo amo, Cristina, no; yo lo desprecio. El no respeta a nadie, ni a su propia esposa. ¿Cómo quiere seguir conmigo si acaba de casarse? ¿Cómo los hombres pueden hacer una cosa así? ¿Cómo puede ocurrírseles que tienen derecho a destruir a las mujeres? Al destruirle las ilusiones a una mujer, le destruyen la vida. Y qué hay de malo en esperar que un hombre no te diga mentiras, que te quiera, que te cuide, que te haga sentir que eres lo más importante en su vida. Dime qué hay de malo en eso, Cristi. ¡De la que me salvé! ¿Y quién quiere casarse con un hombre como Juan Carlos?

—A pesar de los pesares, suenas enamorada.

—Soy una imbécil.

—No te castigues tanto, Trátate bien. Mejor, para olvidarlo, haz una lista de todos sus defectos. Y cuando pienses en él, léela en voz alta.

—Va a ser una lista bien larga.

—Si necesitas odiarlo, ódialo, ¿okey?

—Si en vez de quererlo lo odio, me siento mejor.

—Suena a letra de bolero, qué cómico.

—La vida es un bolero.

—¿Quién dijo?

—Todo el mundo lo dice.

—Entonces vivir en bolero es vivir la verdadera vida.

—¿Quién dijo eso, Cristina?

—Me lo acabo de inventar, no me hagas caso...

—Juan Carlos es un cabrón.

—Repite eso muchas, muchas veces.

El verano después del matrimonio de Juan Carlos viajó a Europa con Rita. Cuestión de distraerse un poco, para olvidar, para conocer otra gente. Volaron a Madrid y luego a Mallorca, donde estuvieron tres semanas en la casa de verano de Azucena y Manuel. Estaba ubicada frente al mar, en medio de un bosque de pinos, y en las noches la brisa que subía del Mediterráneo los mecía por horas: sus ramas largas y delgadas se inclinaban, los troncos se doblaban en las extremidades superiores; los pinos parecían bailar a la luz de la luna. Fue lo que más le impresionó de Mallorca: las playas pobladas de pinos y su danza nocturna. Durante el día, las playas se llenaban de turistas alemanes casi desnudos. Las mujeres grandes y gordas, con las tetas gigantescas al aire y una tanga minúscula apenas cubriendo el vello púbico, ofendían la sensibilidad de las jóvenes puertorriqueñas criadas en Worcester. Azucena y Manuel se rieron de ellas y las hicieron sentir bien jíbaras. También se sintieron extrañas cogiendo sol con sus bikinis conservadores, pero no pudieron, por más que se juraron hacerlo al otro día, desnudarse los senos para tomar el sol. Imaginaban que lo harían, pero cuando llegaba el momento se quedaban paralizadas.

Conocieron hombres franceses, alemanes y españoles, y como eran tan lindas, no les faltaron "ligues", como decían en España, que en boricua decimos "plantes", dijo ella, riendo, a un andaluz precioso que la asediaba con piropos y le juró que quería casarse con ella, que su padre criaba toros de lidia y que la seguiría hasta el fin del mundo.

Le vino bien el cambio y pudo, poco a poco, recuperar el interés en otros hombres. Quiso ser feliz, quiso organizar su vida. Determinó trazar un plan.

Adelita y Juan Manuel la acompañaron mucho durante aquellas tres semanas en Mallorca. Iban con ella y con Rita a la playa y al mercado y les señalaban los nombres de los peces para que aprendieran a distinguir un rodaballo de un lenguado, un calamar de un pulpo, un langostino de un camarón. Se zambullían en las aguas transparentes y frías trepándose a unas piedras rosadas que surgían, como ballenas prehistóricas, del muy histórico azul del Mediterráneo.

Cuando regresaron a Puerto Rico lo más que le hizo falta, no es difícil adivinarlo, fue la compañía de los sobrinos.

Ella vivió durante años esa vida de mujer soltera que aterra a muchas mujeres. No se trata de la mujer divorciada que cría dos o tres niños y trabaja en una oficina y tiene que ir a corte porque la pensión alimenticia no llega; el ex-marido volvió a casarse y no quiere pagar. Se trata de la soltera de treinta años que siente la presión familiar para casarse y si no lo hace piensa que su vida es un fracaso. A veces ella salía con sus amigas a las discotecas, y bailaba su poquito, pero al otro día se sentía intranquila, como si estuviera perdiendo el tiempo. La soledad de una vida sin propósito se le hacía insoportable. Le dio con leer revistas de mujeres y vivir fantasías de que un millonario venía a buscarla. Lo único que le gustó de la telenovela más famosa de aquellos años fue que el vaquero rico llegó en su automóvil rojo convertible a buscar a la corista. Era guapísimo, con cara de Steve Reeves y sombrero de ala ancha, y cuando la corista lo vio se desmayó. El, por supuesto, la tomó entre sus brazos, la montó en su carro convertible y se perdieron en el horizonte.

A ella le gustó ese final, aunque sabía muy bien que era mentira.

No se cuestionó por qué le seguía gustando si sabía que era mentira.

Lo soñó para que sucediera: *"Me he matriculado en una clase de fotografía para conocer gente nueva. Es lo que aconsejan las revistas. Lo leí en Cosmopolitan y en Glamour. También en Vogue, hace años ya. Entonces, en la segunda clase, un caballero bien vestido, de rostro joven y risueño y pelo gris, se me acerca y me dice: Qué sortija tan bella. Se*

refiere al regalo de Esmeralda el día de mi graduación: la
sortija con un rubí y perlitas alrededor que siempre uso; es
casi un talismán. Lo dice sonriendo y le brillan los ojos. Me
acuerdo de Carol y le devuelvo la sonrisa. Y parpadeo dos
veces moviendo un poco el cuerpo, mirándolo de lado y por
debajo: coqueta, coquetísima, no lo pienso y lo hago; me
abandono al instinto de mujer cazadora".

"Me invitará a cenar en un lujoso restaurante y me pondré
un traje elegantísimo, negro, de tafeta por supuesto, y con
un collar de perlas para embellecer el escote y verme distin-
guida. El llegará a buscarme en su Porsché plateado y ves-
tiré de azulmarino, un traje con chaleco de corte italiano,
finísimo".

Lo sueña para que suceda. Y cuando sucede está prepa-
rada para aceptarlo, para vivirlo. Lo hace porque no puede
más. La soledad le está secando el alma. Además, en Worcester se han visto obligados a internar a Esteban Guarch
en un asilo. La mente del padre se ha deteriorado tanto que
ya no reconoce a la familia. Y sufre de incontinencia uri-
naria. La ancianidad se ha derrumbado sobre su alma. Y
los escombros, por caridad cristiana, se colocan en una
institución.

Y se vende la casa de Worcester para pagar el asilo, que
es caro. Raulito se ocupó de todo; que para eso es abogado;
qué suerte un hermano abogado. Entonces Clara Ríos debió
irse a vivir con Raulito o con Tía Marina, a cuidar niños, a
fortalecer la familia pase lo que pase. Pero se va a vivir con
Esmeralda.

Muchos años después, en el cuarto antiséptico y luminoso
de un hospital de Worcester, Clara Ríos habría de recordar
la cara de Esmeralda cuando ella se instaló en el cuarto
más blanco de la casa que su hija compartía con un hombre
mucho más joven. Giancarlo lo aceptó porque, siendo italiano, entendía que la madre es lo primero, que madre hay
una sola. Esmeralda sintió angustia y alivio; no se atrevió
a decirle que se fuera, que la dejara en paz. Supongo que

quiso cuidarla en su vejez para sentirse en paz con su conciencia. Los motivos de Clara aún no están claros.

Ella, la segunda hija de Esteban Guarch y Esmeralda Rivera Ríos, tendrá una casa tan blanca como la que tenía su familia en Jayuya, pero será estilo moderno, líneas rectas, ventanales de cristal y puertas transparentes y corredizas: de las construidas en Puerto Rico a finales de los años cincuenta. Se casará con un hombre rico diez años mayor que ella y vivirá en Garden Hills, la urbanización más exclusiva del área metropolitana. Bueno, una de las más exclusivas: importa no exagerar. Habrá dos grandes árboles de "Casia Nudosa"—los de las flores rosadas durante el mes de junio—en el césped frente a la casa. A la izquierda habrá dos garajes por lo menos, porque todas las casas de Garden Hills tienen dos garajes por lo menos.

Al entrar a la casa—jardineras a ambos lados de la puerta principal, sembradas de cruz de malta roja—habrá un recibidor con espejo, mesa de pared, sombrillera de bronce pulido y plantas verdes de interior. La casa luego tendrá una sala, preferiblemente al bajar un escalón o dos, con muebles italianos color perla y algunas antigüedades. A la derecha tendrá un comedor formal—mesa larga con ocho sillas de espaldar alto, preferiblemente en el estilo "Chippendale"—con ventanales que abran al jardín. La sala se prolongará, bajando dos escalones adicionales, hasta una terraza con muebles más informales, de mimbre pintado de blanco. A prudente distancia, en medio del jardín, habrá una piscina rectangular rodeada de césped. También habrá una mecedora blanca de metal, techada con lona roja, y una mesa redonda con sombrilla de lona roja también, sillas reclinables para tomar el sol y lujuriosas plantas tropicales, de grandes hojas verde oscuro y flores amarillas. Los árboles en el fondo serán gigantescos, centenarios.

Ella al principio se sentirá incómoda. No se liberará fácilmente de la costumbre de levantarse a las siete, vestirse medio dormida, siempre impecable, claro, y desayunar con prisa la tostada, jugo de china y el café con leche para estar a las nueve en punto en la oficina. Ahora aplicará sus conocimientos universitarios y su experiencia profesional a la administración de la casa: suministros de alimento y enseres de limpieza, mantenimiento general, supervisión de los empleados.

Podría continuar en su empleo. Podría alquilar una ama de llaves. No lo hará. Renunciará al empleo semanas antes de la boda. Supongo que tendrá vocación de gran señora. Preferirá, por tanto, la seguridad del matrimonio a la excitación sexual de la aventura romántica. El marido, como buen burgués, no tendrá problemas de inseguridad que le produzcan impotencia y la penetrará como Dios manda.

Al año y medio de casada, dará a luz un hijo a quien llamará Esteban. Se sentirá realizada y volverá a pensar que la vida tiene sentido.

Entonces irá a comprar ropa exquisita a Nueva York: Saks Fifth Avenue y Bergdorf Goodman; dos veces al año. Y viajará a menudo con su marido a congresos financieros, a reuniones de la banca internacional en París, Ginebra y Londres. Preferirá la ropa francesa. Conocerá a las esposas de otros financieros y establecerá relaciones amistosas con ellas. Será un "asset", como dicen en Norteamérica: un factor positivo en la carrera profesional de su marido. Por su carácter dulce y comprensivo será, como siempre y en todas las ocasiones de su vida pasada y futura, querida por todos.

Amará a su hijo Esteban sobre todas las cosas. También tendrá una hija, a la que llamará Clara. Los hijos estudiarán universidad en los Estados Unidos: en Princeton, Yale o Harvard. Ella dedicará el resto de su vida a su marido y a sus hijos.

Olvidé mencionar que su marido la amará profundamente porque ella se convertirá en la mujer que él siempre soñó tener. Ella será idéntica a su ideal: ella utilizará toda su astucia y su intuición femenina para lograrlo. En el proceso, es extraño, le cambiará la voz. Adquirirá un tono autoritario muy velado, muy sutil, pero firme. Le sucede a algunas mujeres después de los cuarenta años.

Cristina va a visitarla a su lujosa casa. Son las tres de la tarde y los niños regresan de la escuela. Esteban abraza a Cristina.

—Hola, Titi Cristina.

—Ya te queda chiquito el uniforme, si pego tu bracito a mis orejotas, te oigo crecer, bandido.

Esteban se ríe, se desabotona la camisa y echa a correr hacia el jardín. Clarita lo sigue, automáticamente; y detrás la niñera uniformada los llama para que se cambien de ropa, para que prueben la merienda, para que no se ensucien, para que no pisen las flores del jardín, para que no caigan en la piscina.

—Hola Cristi, qué chévere que vengas.

—Decidí divorciarme. Anoche se lo dije.

Ella no se sorprende demasiado. Cristina lleva meses pensándolo. Arnaldo Sánchez tiene una corteja y le ha montado apartamento en Santurce.

—¿Y él qué dijo, mujer?

—Como estaba borracho, siguió durmiendo.

—¿Estás segura, Cristi? De que quieres divorciarte, digo.

—Quiero estar sola, quiero...

La voz se le perdía.

—Estás cansada.

—Sí.

93

Ella abrazó a Cristina y estuvo consolándola. Se sentaron en los muebles italianos, color perla, de la sala. Después hablaron del futuro. Cristi dedicaría su vida a la pintura y a la escultura. No quería otra cosa, dijo alzando la voz.

—Quiero hacer cosas con estas manos. Necesito ensuciármelas de pintura, embarrarme de cal y yeso, de polvo dorado...

Era como un destino ineludible: Se le imponía. Ella la miró fijamente por largo rato, la escuchó llorar y reír a la vez. Le sugirió que bebieran champán.

Al escoger la botella de entre las muchas que había en la nevera, pensó en su madre, en Maryann y en Rita y se sintió pequeña y repetida.

Esteban Guarch no hablaba, sólo abría los ojos para mirar al techo, con insistencia, durante horas. Aunque hacía ya tiempo, años tal vez, que había comenzado a abandonar este mundo, su corazón seguía latiendo tercamente, como alguien que ya no puede, por costumbre, hacer otra cosa. Finalmente, la naturaleza venció su voluntad de vivir.

Lo enterraron en el cementerio de Worcester, junto a la tumba de la hija de Esmeralda Rivera Ríos y Enrique Vélez, la niña hermosa a la que nunca conoció. Clara Ríos insistió que así tenía que ser, aunque Azucena protestara y llorara de rabia.

Era un día de otoño y las hojas secas, anaranjadas, moradas y amarillas, caían lentamente, al parecer ingrávidas, sobre las blancas tumbas. Esta vez no había bruma. El cielo estaba limpio y azul. Hacía frío y hacía sol. Pero esto no impidió que una vez más el ángel gótico elevara sus grandes alas de piedra y recogiera el alma de Esteban Guarch.

Así, me imagino, tuvo que ser.